Doris Henkel

Boris Becker

Fotos von Sven Simon

COPRESS SPORT

Inhalt

Nach zehn verrückten Jahren

»Guten Tag, mein Name ist Günter Grass«

An einem Herbstabend 1993 saß ein Mittzwanziger mit Bart und kurzen, rotblonden Haaren in einer Münchner Bar, als ein älterer Herr mit Brille an seinen Tisch trat und sagte: »Guten Tag, mein Name ist Günter Grass. Ich würde mich gerne mal mit Ihnen unterhalten.«
Da hat sich der Mittzwanziger wieder gefragt: Mensch, daß sich einer der größten deutschen Schriftsteller, sportlich völlig uninteressiert, mit mir zum Abendbrot treffen will – was habe ich nur angestellt? Ein paar Wochen später spielte er zum erstenmal nach langer Zeit wieder in der Münchner Olympiahalle Tennis. Seit seinem berauschenden Auftritt im Juli 1989 im Halbfinale des Davis Cups gegen die Amerikaner mit Andre Agassi waren viereinhalb Jahre vergangen. In dieser Zeit ist er Erster der Weltrangliste geworden, hat große Turniere und bedeutende Titel gewonnen, zuletzt aber eher kleine Spiele verloren. So hieß es im Herbst '93, Umfragen zufolge sei seine Popularität erheblich gesunken. Doch an diesem Dezembernachmittag in der Olympiahalle begrüßten ihn

12 000 Menschen derart enthusiastisch, als habe er gerade in Wimbledon gewonnen; der Beifall wollte lange nicht enden. Der Rotblonde spielte lausig und verlor, aber als er ging, schenkten sie ihm den gleichen Beifall noch einmal. Es gab nicht wenige Leute, die meinten, an diesem Tag sei die einzigartige Karriere des Spielers Boris Becker zu Ende gegangen. Dessen Ankündigung, nach einer Babypause als Ehemann und Familienvater 1994 mit neuer Lust und frischer Kraft ins Spiel zurückzufinden, hielten sie für eine Illusion. Sie sagten, den Becker früherer Tage werde man nicht wiedersehen.
Doch was heißt das schon? Mit 26 Jahren versichert Boris Becker glaubhaft, er sei so glücklich wie nie zuvor. Daß er sich in seinem öffentlich geführten Leben nach zehn verrückten Jahren überhaupt noch zurechtfindet, obwohl es lange Zeit so aussah, als werde er die Orientierung verlieren, ist mehr wert als jeder Wimbledonsieg. Wie weit ihn Teil zwei dieser Karriere führen wird, hat damit nichts zu tun.

Ein Trotzkopf aus dem Badischen

»Ich war schon immer ein Außenseiter«

Er weiß es einfach nicht: lachen die anderen nun über ihn oder mit ihm? Vorsichtshalber lacht er mit.
Es gibt kleine Gemeinheiten und Enttäuschungen in dieser Kindheit, und warum die anderen ihn ablehnen, das begreift der Junge nicht. Vielleicht liegt es daran, daß er ein wenig komisch aussieht mit seinem Mondgesicht, der mädchenhaften Pony-Frisur und den rotblonden Haaren. Oder daran, daß er sich manchmal aufführt wie ein

Seit dem Jahr 1984 ist der am 22. November 1967 in Leimen geborene Boris Becker ein Tennisprofi. Sieben Jahre später war er die Nummer eins der Weltrangliste.

wildgewordener Handfeger? Außerdem, wer heißt schon Boris in einer Stadt wie Leimen?

■ Sein erster Schläger

Viele Jahre später, als dieser Boris längst ein Mann ist, sagt er: »Ich war schon immer ein Außenseiter. Meine einzige Möglichkeit, mit anderen Jungen zusammenzusein, von ihnen akzeptiert zu werden, war mein Sport.«

Merkwürdig, woher dieses heftige Verlangen stammt, überall Anerkennung zu finden, denn zu Hause fehlt ihm nichts. Man kümmert sich umeinander, ohne sich gegenseitig zu erdrücken bei den Beckers in Leimen. Es gibt Werte, an denen sich der Junge orientieren konnte, und manche davon bedeuten ihm heute noch etwas. Die Familie kennt keine Geldsorgen; Vater Karl-Heinz verdient gut als Architekt, Boris und seiner älteren Schwester Sabine fehlt

es an nichts; sie werden umsorgt, aber nicht maßlos verwöhnt. Und Leimen ist kein Ort, an dem man verlorengehen kann: eine Kleinstadt im Badischen, in der Nähe Heidelbergs gelegen, mit rund 20 000 Einwohnern, knapp 30 Sportvereinen, Fachwerkhäusern und einer grün gestrichenen Straßenbahn.
Es läßt sich kaum vermeiden, daß der Junge auf dem Tennisplatz landet. Die Eltern nehmen ihn mit zum TC Blauweiß Leimen, als er noch ein

Baby ist, später rennt er ihnen einfach hinterher und beschäftigt sich auf seine Weise, während sie spielen. Sein erster Schläger ist der seines Vaters, und wie man damit umgeht, bringt ihm Sabine bei. Das Tenniszentrum liegt nur ein paar Schritte entfernt vom Haus der Beckers in der Nußlocher Straße 51, und auf gewisse Weise ist es die zweite gute Stube der Familie; Karl-Heinz Becker hat die Anlage im Auftrag des Badischen Tennisverbandes gebaut.

 Mangelhafte Beinarbeit, extreme Griffhaltung

Manche halten den kleinen Becker für ein bißchen überdreht. Der hechtet notfalls wie ein Torwart nach den Tennisbällen, und es scheint ihm nichts auszumachen, sich im Sand zu wälzen, solange man ihn nur mitspielen läßt. Niemand kommt auf die Idee, er könne mal ein berühmter Spieler werden, denn der flinkste ist er nicht, und seine Technik, Marke Eigenbau, sieht recht merkwürdig aus. Dennoch fällt er, vor allem wegen seines Einsatzes, dem Verbandstrainer auf, der sich um den Jungen kümmert. Der Junge übt eifrig, und als er neun ist, darf er mit zu einem Sichtungsturnier des Deutschen Tennis Bundes nach Biberach. Wer gelegentlich bei einer solchen Lese der Talente zusieht und ehrgeizige Eltern mit ihren minderjährigen

Jungstars beobachtet, der weiß, daß das kein ungetrübtes Vergnügen ist. Oft ist die Stimmung überreizt, und sie macht frösteln.

Den Kindern, die bei einem solchen Test antreten, erklärt man gewöhnlich daheim, worauf es ankommt, was die Tennislehrer sehen wollen. Der Rothaarige aus Leimen weiß davon nicht viel. Er spielt wie immer, mit großem Einsatz und mancherlei Mangel, aber auch auf eine ungewöhnlich natürliche Art und mit einer völlig unkindlichen Konzentration.

Richard Schönborn, der Cheftrainer des Deutschen Tennis Bundes (DTB), kann damit nicht viel anfangen. Er schreibt in seinen Testbogen: »Mangelhafte Beinarbeit, extreme Griffhaltung, später neuer Test notwendig« und kommt zu dem Fazit: »Förderungswürdig nur auf Verbandsebene.« Den Einwand seines Kollegen Günther Bosch, der Junge habe doch etwas Besonderes und des-

halb müsse man dessen Entwicklung weiter verfolgen, nimmt er zur Kenntnis und behauptet doch das Gegenteil. Es kostet die Beckers und auch Breskvar einige Mühe, den niedergeschlagenen Boris zu trösten, und daheim in Leimen wird es auch nicht besser. Die vermeintlich talentierten Jungen trainieren miteinander, er wird abgeschoben in die Gruppe der Mädchen. Nun spielt er erst recht den Clown.

Sein eigener Held

Eine Zeitlang glaubt er, daß er vielleicht doch lieber Fußball spielen will. Einerseits fühlt er sich in einer Mannschaft wohl und sucht die Kameradschaft der anderen, andererseits spürt er einen besonderen Reiz, das Geschehen beim Tennis ganz allein zu bestimmen. Schließlich entscheidet er sich fürs Tennis und dafür, sein eigener Held zu sein in einem von Linien begrenzten Rechteck.

An Einsatz mangelte es ihm nie: Notfalls hechtete er wie ein Torwart nach den Tennisbällen.

Beim nächsten Bundes-Sichtungsturnier hat er Glück. Skeptiker Schönborn ist diesmal nicht dabei, als Boris Becker nach einem Test in Oldenburg als 22. und letzter in den C-Kader des Deutschen Tennis Bundes aufgenommen wird. Mit dieser Entscheidung ist die Möglichkeit verbunden, einmal im Monat im Bundesleistungszentrum in der damaligen Zentrale des DTB, in Hannover, trainieren zu können. Becker kommt voran,

fixe Idee. Als Bosch 1982 nach einer Niederlage der von ihm betreuten deutschen Davis-Cup-Mannschaft als Bundestrainer gekündigt wird, sieht er sich nach einer anderen Möglichkeit um. Er schlägt dem Verband vor, mit einer Gruppe von vier fast gleichaltrigen Jungen zu arbeiten und sie zu internationalen Turnieren zu begleiten. Die Herren des DTB stimmen schließlich zu. Man einigt sich darauf, der Verband werde für Reise-

doch zu den Besten zählt er auch dort nicht. Wieder hält man andere für talentierter als ihn: Tore Meinecke, zum Beispiel, oder auch den ein Jahr älteren Udo Riglewski.
Doch was auch immer dem jungen Boris fehlt, der gebürtige Siebenbürger Günther Bosch, ehemals Davis-Cup-Spieler Rumäniens und nun vom Deutschen Tennis Bund als Trainer angestellt, läßt sich nicht von seiner Meinung abbringen, man müsse diesen Jungen fördern; es ist wie eine

kosten und Verpflegung der vier aufkommen. Bosch entscheidet sich für Riglewski, Patrik Kühnen, Carl-Uwe Steeb und, zur allgemeinen Verwunderung, für Boris Becker. Auch Kollege Breskvar aus Leimen versteht das nicht. »Bist du bescheuert?« fragt er Bosch. »Wie kannst du dir so einen Spieler nehmen? Man kann es keine Woche mit ihm aushalten.« Bosch weiß selbst, daß er gute Nerven braucht, um mit diesem merkwürdigen Rot-

haarigen klarzukommen. Der heult und tobt und schreit am Tag zehnmal: »Nein, das mache ich nicht.« Er trainiert aber auch mit einer Besessenheit, die ihn von den anderen unterscheidet. Bei allem, was er tut, treibt er es auf die Spitze. Er haßt es nicht nur, Fehler zu machen, es ist schlimmer: er haßt sich selbst dafür, daß er Fehler macht.
Je länger der Trainer mit der Viererbande durch die Lande zieht, desto auffälliger wird, daß es ausgerechnet der verrückte Becker ist, der die größten Fortschritte macht. Der sich, wohin man ihn auch schickt, unter widrigsten Umständen zurechtfindet, weil er überall dasselbe Ziel hat und sich zu Hause fühlt, sobald er einen Tennisplatz betritt. »Wartet ab«, redet er sich immer wieder ein, »ich werd' es euch allen zeigen.«
Bosch muß sich eingestehen, daß es keinen Sinn mehr macht, mit der Gruppe zu arbeiten, da er sich insgeheim längst für Becker entschieden hat. Gleichzeitig kämpft er auf

zwei Ebenen: Bei den Beckers in Leimen muß er Mutter Elviras Befürchtungen zerstreuen, der Junge verpasse zuviel in der Schule, und beim DTB in Hannover können sie den Namen seines Schützlings bald nicht mehr hören. »Schon wieder der Bosch«, stöhnen sie, »schon wieder will er was mit diesem Becker.«

■ Wie ein Bussard auf der Jagd

Von Zeit zu Zeit trifft Bosch seinen ehemaligen Davis-Cup-Partner Ion Tiriac, der sich nach seiner Karriere als Spieler vor allem als Manager des Argentiniers Guillermo Vilas einen Namen gemacht hat. Tiriac sucht; er zieht Kreise über den Tenniszirkus wie ein Bussard auf der Jagd nach Mäusen. »Gibt es nicht einen guten Jugendlichen in Deutschland?« fragt er Bosch. »Der deutsche Markt ist vielversprechend. Wir brauchen unbedingt einen Jungen.« Jedesmal, wenn Tiriac insistiert, denkt Bosch an Becker, und im Frühjahr '84 entschließt er sich endlich, den entscheidenden Schritt zu machen. Beim Jugendturnier in Monte Carlo bittet er Tiriac, sich ein Spiel des inzwischen 16 Jahre alten Boris anzusehen. Die Begeisterung des Managers hält sich in Grenzen, doch er schlägt vor: »Vilas soll ihn testen.« Sie einigen sich auf eine Begegnung am Rande der Internationalen Deutschen Tennismeisterschaften am Hamburger Rothenbaum.

Vilas ist 31, und seine beste Zeit mit dem Gewinn der French Open, US Open und Australian Open liegt schon ein paar Jährchen zurück. Doch um einen jungen Spieler auf Herz und Nieren zu prüfen, dafür ist er mit all seiner Erfahrung und Ausdauer gerade der richtige Mann.

Fünf Stunden dauert der Test. Als er vorüber ist, hockt Becker völlig erledigt im Sand, kurz davor, sich zu übergeben, und daß Vilas noch steht, heißt nicht, daß es ihm besser ginge. Bosch fühlt sich bestätigt, Tiriac hat genug gesehen und sagt: »Günther, wir müssen mit seinen Eltern reden. Mach bitte einen Termin aus.«

Wieder erscheint Bosch als Parlamentär bei den Beckers und versucht ihnen klarzumachen, daß Ion Tiriac der richtige Partner für ihren Boris sei. Tiriac, und nicht eine der weltbekannten Agenturen, deren Angebote – 100 000 Mark Garantiesumme im ersten Jahr – inzwischen in Leimen auf dem Tisch liegen. Die Verhandlungen im Beckerschen Wohnzimmer führen immer wieder zu einem Punkt: zu Tiriacs wenig schmeichelhaftem Ruf. Der Mann gilt als Schlitzohr und Geschäftemacher, und er sieht mit seinem mächtigen, herabhängenden Schnauzbart und den zauseligen Locken ja nicht unbedingt so aus, wie sich eine gute Mutter den zukünftigen Partner und Beschützer ihres hoffnungsvollen Sohnes vorstellt.

Doch Bosch verteidigt jenen Mann, den er seit der gemeinsamen Kindheit in Brasov/Sie-

benbürgen kennt. Er versichert, Tiriac könne sich Boris viel persönlicher widmen als die großen Agenturen aus den USA. Schließlich stimmen die Beckers zu. Man trifft sich in einer Tagessuite im Frankfurter Airport-Hotel – Tiriac, Bosch, die Eltern Becker und Boris – und berät den Fall. Tiriac schlägt vor, er werde das Unternehmen Becker und Bosch mit allen notwendigen Aufwendungen zwei Jahre lang finanzieren. Zwei Jahre, keinen Tag länger. »Einen Gewinn«, sagt er, »kann ich nicht garantieren.«

Es ist wohl vor allem seine Offenheit, die Karl-Heinz und Elvira Becker bewegt, den Vertrag abzusegnen. Auch Boris unterschreibt; er ist froh, daß das Gerede jetzt endlich ein Ende haben wird. Und daß seinem Ausflug in die große Welt des Tennis nichts mehr im Wege steht, zumal sich die Eltern mit dem Direktor seines Gymnasiums darauf geeinigt haben, der Sohn werde die Schule mit der mittleren Reife verlassen, könne aber nach zwei Jahren zurückkehren, falls es mit der Karriere doch nicht klappt.

Jetzt fehlt nur noch die Zustimmung des DTB.

In seinem 1986 erschienenen Buch »Boris« erinnert sich Bosch an eine theaterreife Szene in der Geschäftsstelle des Deutschen Tennis Bundes: *Wir mußten Boris und mich aus unseren DTB-Verträgen herauskaufen. »Wieviel«, fragte Ion. »20 000 Mark«, sagten sie beim DTB. Ich vergesse das Bild nie. Ion griff in die Innentasche seines Jacketts.*

Er wollte die 20 000 Mark bar hinlegen. Die Herren des DTB wurden verlegen. »Können wir das nicht mit dem Davis Cup verrechnen? Wenn Boris umsonst in Sindelfingen gegen Spanien spielt, dann sind wir quitt.« Meine Kündigung nahmen sie sofort an. Wir waren frei.

So geht Boris Beckers Lehrzeit zu Ende. Weiterhin knallt er gelegentlich Tennisschläger auf den Boden und tobt. Aber es lacht ihn niemand mehr aus. Daß er eine Chance hat, ein großer Spieler zu werden, ist keine Frage mehr.

Bis der letzte Ball gespielt ist

Der erste Sieg und was darauf folgte

Warum sind die All England Championships etwas Besonderes? In Melbourne, bei den Australian Open, ist die Stimmung besser; in Paris, bei den French Open, ist das Tennis besser; im New Yorker Stadtteil Flushing Meadow, bei den US Open, ist das Preisgeld höher. Aber das nützt alles nichts. Es gibt weltweit kein Turnier mit größerer Bedeutung, mit intensiverer Wirkung als Wimbledon, und das wird auch so bleiben, bis der letzte Ball gespielt ist.

Es ist die Macht der Tradition, die den Besucher anweht. Der wird still, denkt darüber nach, warum die Mauern anderswo nicht von Efeu bewachsen sind, und erkennt, daß das etwas zu bedeuten hat. Der begreift, daß es hier einfach dazugehört, auch die seltsamsten Förmlichkeiten zu pflegen wie vor 50 Jahren, und daß sich niemand daran stört, wenn nach einer Woche die Grashalme an der Grundlinie plattgetreten sind.

■ Eine leidenschaftliche Beziehung

Eigentlich ist dies kein Ort für junge Leute, denen rankende Pflanzen am Mauerwerk ziemlich gleichgültig sind. Und dennoch ist es von Beginn an eine leidenschaftliche Beziehung zwischen diesem alten Turnier und einem sehr jungen Mann.

Boris Becker ist 16 Jahre alt, als er 1984 zum erstenmal in Wimbledon spielt, zum erstenmal auch bei einem Grand-Slam-Turnier. Es ist ein Beginn mit abruptem Ende, kaum, daß sich das Turnier und der Spieler aneinander gewöhnt haben.

Während einer Partie der dritten Runde zieht er sich bei

Wimbledon '85: Als jüngster Spieler aller Zeiten gewinnt Becker auf »heiligem Rasen«.

■ Mit allen Wassern gewaschen

Im fünften Satz dieses Spiels endet die bis dahin leidlich normale Erfolgsgeschichte eines talentierten, 17 Jahre alten Jungen, und es beginnt eine Aneinanderreihung überaus geheimnisvoller Geschehnisse.

Er verliert seinen Aufschlag zum 4:5 und rettet sich dennoch, er verliert seinen Aufschlag zum 5:6 und rettet sich erneut. Jedesmal, wenn die Zuschauer denken, nein, jetzt kann er es nicht mehr schaffen, drischt Becker seinem Gegner ein As oder einen unerreichbaren Schlag mit der Vorhand ins Feld. Je bedrohlicher die Situation, desto besser seine Antwort, so als sei er nicht 17, sondern 25 und mit allen Wassern gewaschen. 9:7 gewinnt Becker den fünften Satz und zieht ins Achtelfinale ein.

Abends liegt er in seinem Bett und fiebert. Zum Glück weiß er nichts von den Dingen, die ihn am nächsten Tag erwarten. Denn es wird ein Alptraum auf Platz 14. Nach fast drei Stunden Spielzeit gegen den langen Amerikaner Tim Mayotte knickt Becker um, bleibt liegen, fühlt den Schmerz in seinem linken Fuß und denkt mit großem Schreck an die Bilder des Jahres '84: an Sturz, Verletzung, Ausscheiden und Operation. Mühsam rappelt er sich hoch. Stünde Mayotte jetzt in der Nähe des Netzes, er würde ihm die Hand zum Zeichen der Aufgabe reichen, doch der

einem Sturz einen doppelten Bänderriß im linken Knöchel zu, wird anschließend operiert und muß einige Wochen Pause machen.

Als er zum zweitenmal nach Wimbledon kommt, wird seine Erinnerung an die schmerzhafte Premiere überlagert von ganz frischen, höchst erfreulichen Eindrücken. Denn unmittelbar vor dem Beginn der Championships hat er beim Rasenturnier im Londoner Stadtteil Queens seinen ersten Titel bei den Profis gewonnen. Die Insider horchen auf; wer in Queens gewinnt, mit dem ist auch in Wimbledon zu rechnen.

Es dauert eine lange Weile, bis der ungeduldig wartende Becker beweisen kann, daß sein Sieg in Queens ein Zeichen und kein Zufall gewesen ist. Es regnet am Montag, es regnet am Dienstag, und als er am Mittwoch endlich zur Partie gegen den mehr als 14 Jahre älteren Amerikaner Hank Pfister aufgerufen wird, ist es auch schon später Nachmittag. Wegen Dunkel-

heit muß das Spiel im vierten Satz unterbrochen werden; Becker ärgert sich darüber, doch bei der Fortsetzung am nächsten Tag ist er hellwach und verläßt den Platz nach kaum einer halben Stunde als Sieger.

Noch problemloser erledigt er seine Aufgabe in Runde zwei gegen Pfisters Landsmann Anger, und so weit finden es alle ganz normal. Schließlich haben sich schon sämtliche Größen des Tennis lobend über Becker geäußert, und ein chancenreicher Außenseiter ist er allemal.

Der nächste Gegner heißt Joakim Nyström, Achter der Weltrangliste; wie die meisten seiner schwedischen Landsleute gilt er nicht als auffälliger Spieler, aber als einer, der mit Ausdauer und Zähigkeit Vorteile zu verteidigen weiß. Den ersten Satz gewinnt Nyström, Becker den zweiten im Tiebreak, und dann regnet es wieder mal. Am folgenden Tag, Sonntag, ist traditionell spielfrei, und so geht es am Montag weiter.

Amerikaner ist weit weg. Becker humpelt zu seinem Stuhl und hört, wie Trainer Günther Bosch auf der Tribüne brüllt: »Nicht aufgeben! Nicht aufgeben! Du hast eine Pause von drei Minuten.« Die drei Minuten vergehen, kein Arzt kommt, und Becker weiß nicht, was er tun soll. »Spiel weiter«, ruft Bosch, und Ion Tiriac sieht seinen Partner ungläubig an. »Wir haben gerade über zehn Millionen verloren«, sagt der Manager trocken; er denkt, es ginge nicht mehr weiter. Becker geht auf den Platz, verliert zwar das nächste Spiel zum 6:6, aber endlich kommt der Masseur;

Linke Seite:
Probleme mit
dem Knie.
Unten: Der
Abgang eines
Champions.

er legt dem Jungen einen Tape-Verband an. Becker kehrt zur Grundlinie zurück und gewinnt den Tiebreak, Satzausgleich zum 2:2. Er gewinnt auch den fünften Satz und damit das Spiel – es ist nicht zu fassen.

Am Abend hockt er völlig erschöpft in seinem Zimmer. Er bildet sich ein, nicht mehr gehen zu können, phantasiert und ist kaum zu beruhigen; die Anspannung in Kopf und Körper setzt ihm zu. Nichts weiß er davon, daß daheim in Deutschland mittlerweile Tausende seinen Namen kennen, daß viele Gespräche in diesen Tagen mit den Worten beginnen: »Hast du gerade den Boris im Fernsehen gesehen…« So, als rede man über jemanden, der zur Familie gehört. Nichts weiß er, was in den Zeitungen über ihn geschrieben

steht, denn Bosch und Tiriac halten alles von ihm fern. Als er zum Viertelfinale gegen den Franzosen Henri Leconte antritt, sehen Millionen zu – Millionen neuer Tennisfans, die ein paar Wochen zuvor bestenfalls einen Vorhandschlag von einem Rückhandschlag unterscheiden konnten, und viel weiter sind sie auch jetzt noch nicht. Doch man muß kein Fachmann sein, um in Beckers Bann zu geraten. Vor allem Bosch und Tiriac, die ja wissen, wie sich ihr Schützling noch am Abend zuvor gefühlt hat, trauen ihren Augen nicht. Denn er spielt, als habe es die Anstrengungen der vergangenen Tage nicht gegeben, als wolle er allen zeigen, wie gut er dieses Spiel tatsächlich beherrscht. Er besiegt Leconte in vier Sätzen.

■ Himmlische Zeichen

Sein nächster Gegner ist der Schwede Anders Jarryd; keiner, der zu den Künstlern unter den Tennisspielern zählt. Aber auf den ist immer Verlaß, und auf diese Art hat er es geschafft, sich auf Platz sechs der Weltrangliste zu schieben. Becker ist die Nummer 20, doch wer ihn hier spielen sieht, glaubt nicht mehr daran, daß diese Zahlen wirklich etwas bedeuten.

In der Rolle als Außenseiter fühlt er sich wohl, doch um so verwirrter ist er beim letzten Training am Morgen des Halbfinales. Er trifft kaum einen Ball und jammert: »Ich hab' kein Gefühl.« Bosch versucht ihn zu beruhigen, doch er kann ihm nicht helfen. Das Spiel gegen Jarryd beginnt auf dem Centre Court, und Beckers Verzweiflung wächst mit jedem Schlag. Der Eindruck im Training ist kein Trugbild gewesen: ausgerechnet jetzt, im Halbfinale, kann er nicht mehr Tennis spielen. Er kann es einfach nicht. Nach wenig mehr als einer Stunde, den ersten Satz hat er 2:6 verloren, steht es im zweiten 4:5, 30:40, erneut Satzball für Jarryd also und ein Augenblick höchster Gefahr. Becker holt aus, schlägt auf – As. Es ist sein erstes As des gesamten Spiels, und jeder, der ein bißchen an himmlische Zeichen glaubt, weiß, was das bedeutet. Becker gleicht aus, gewinnt kurz danach den Tiebreak dieses zweiten Satzes, doch bald danach ist das Spiel zu Ende. Wieder regnet

es, die Dämmerung schuckt das letzte Licht des trüben Tages. Gegen sieben, beim Stand von 1:1 im dritten Satz, wird entschieden: Abbruch, Fortsetzung am Samstag. Es folgt ein schrecklicher Abend. Bosch und Tiriac machen Becker Vorwürfe. Sie behaupten, er habe sich seinem schlechten Gefühl hingegeben, habe nichts versucht, um sich selbst zu befreien. Der Junge ist verzweifelt. Er heult und heult, fühlt sich wie ein kleiner, unbedeutender Wicht. Doch er schläft schnell ein, und am nächsten Tag hat das Böse keine Macht mehr. Jarryd begreift kaum, wie ihm geschieht, aber er ist nicht der einzige, der nichts mehr begreift. Auch den Fachleuten sind längst sämtliche Erklärungen ausgegangen. Diesen Becker kann man nicht erklären, man muß ihn sehen. 6:3, 6:3 gewinnt er die Sätze drei und vier und steht damit im Finale der 99. All England Championships.

Bis zum Endspiel sind es keine 24 Stunden mehr, und es bleibt nicht viel Zeit, sich mit dem Gegner zu beschäftigen. Der heißt Kevin Curren, ist Achter der Weltrangliste, stammt aus Südafrika, ist fast zehn Jahre älter als Becker und ein ruhiger, besonner Mensch. Er gehört nicht zu den Spielern der allerersten Liga, doch diesmal in Wimbledon hat er unter anderem John McEnroe, den Titelverteidiger, und auch Jimmy Connors besiegt, jeweils in drei äußerst flotten Sätzen. In der Nacht vor dem Finale träumt Becker von der Herzo-

gin von Kent und sieht, wie sie ihm zum Sieg gratuliert. Nach allem, was er hinter sich hat in den vergangenen zwei Wochen, fühlt er sich stark. Auch Bosch ist optimistisch; er hört nicht auf, sich über diesen Jungen zu wundern, und er weiß, daß Boris bereit ist für den Sieg.

■ »Come on, Boris«

Es ist ein merkwürdiges Bild, als die Finalisten am 7. Juli um 14 Uhr den Centre Court betreten. Rechts geht Curren und sieht dabei aus wie ein Mann, der sich seiner Aufgabe bewußt ist. Links geht Becker, der breiter, größer und mächtiger daherkommt und in diesem Moment beinahe alterslos wirkt. Ihre Taschen werden getragen von einem kleinen Herrn in weißer Arbeitsjacke, der an einen Eisverkäufer erinnert. In Wirklichkeit ist er Chef der Umkleidekabinen, und die Ehre, mit den Spielern den Platz zu betreten, widerfährt ihm nur beim Endspiel.

Der letzte Akt beginnt. Becker ist konzentriert und spritzig, verschafft sich mit einem frühen Break Sicherheit. Das mag er. Curren bemüht sich mitzuhalten, doch sein Spiel wirkt gehemmt. Anscheinend macht er sich zu viele Gedanken über die Aktionen des anderen und übersieht dabei den eigenen Weg. Becker gewinnt den ersten Satz 6:3. In Deutschland ist es heiß an diesem Sonntagnachmittag, und viele Straßen sind leer. Aus offenstehenden Fenstern dringt überall dieselbe Stimme nach draußen, und die Stimme sagt mit einem leichten Zittern: »Jetzt geht es in den Tiebreak, Kevin Curren schlägt auf.« Es ist ziemlich leise, und jeder spürt die Spannung.

Aber es ist ja nicht nur spannend. Becker läßt den kleinen weißen Filzball auf seinen Füßen tanzen, als wäre es ein Fußball. Nein, er hat keine Angst, seine Konzentration zu verlieren, er ist sich seiner Sache sicher, obwohl Curren den Tiebreak des zweiten Satzes gewinnt.

In jedem Spiel gibt es eine Phase, von der es später heißt, sie sei die entscheidende gewesen; das ist der Extrakt mehrerer Stunden. Diesmal fällt die Entscheidung mitten im dritten Satz. Im ominösen siebten Spiel gelingt dem immer stärker werdenden Curren ein Break. Eine Wende deutet sich an, doch Becker gibt die beste aller möglichen Antworten: auch er nimmt seinem Gegner den Aufschlag

ab, es steht 4:4. Eine Viertelstunde später gewinnt er den Tiebreak des dritten Satzes. »Come on, Boris«, kreischen Mädchen mit hohen Stimmen im Publikum; »quiet, please«, mahnt Schiedsrichter D.C. Howie, und der kurze Wortwechsel hört sich an wie die Übersetzung eines Dialoges zwischen Sensation und Tradition. Aber es ist gar nicht einfach, Ruhe zu bewahren, und es wird immer schwerer, je mehr sich Becker dem Ziel nähert.

Die Uhr auf der großen elektronischen Anzeigetafel zeigt 5.26 Uhr Londoner Ortszeit, gespielt sind drei Stunden und 17 Minuten, als Becker zum letztenmal aufschlägt. Der Ball landet im Feld, Curren streckt sich nach ihm, doch er erwischt ihn nur noch mit dem Rahmen. 6:3, 6:7, 7:6, 6:4 – Boris Becker ist Wimbledonsieger.

Er begreift es sofort, hebt sich auf die Zehenspitzen, während Sand unter seinen

Füßen staubt, reckt beide Arme in die Luft und schreit: »Jaaaa.«

Als ihm der Herzog von Kent später den großen Pokal überreicht, steht der junge Boris da und lacht wie ein Lausbub. Er ist mit 17 Jahren und 226 Tagen der jüngste Sieger aller Zeiten, der erste Deutsche und auch der erste Ungesetzte, doch all das wird erst später wichtig sein. Jetzt kennt sein Glücksgefühl weder Daten noch Zahlen; es ist heftig, heiß und unverbraucht.

■ Ungeahnte Höhen

An diesem 7. Juli 1985 endet zwischen halb sechs und sechs der erste Teil im Leben des Boris Becker. Als er am Abend im Smoking zum traditionellen Bankett der Sieger im Londoner Savoy-Hotel erscheint, hat der zweite bereits begonnen. Von nun an ist er bekannter als in- und ausländische Regierungschefs, populärer als Schauspieler oder Schlagerstars und wohlhabender als die große Mehrheit aller Deutschen. Seinetwegen werden Männer und Frauen, die mit diesem Sport nichts anfangen konnten, zu Tennisfans, und seinetwegen macht die weiße Branche Gewinne in nie geahnter Höhe.

Könnte man ihm all das sagen an diesem Tag, er würde antworten: »Das ist mir egal.« Könnte man ihm sagen, daß Wimbledon und der Name Boris Becker für alle Zeiten zusammengehören werden, würde er sagen: »Das gefällt mir.«

»Jaaa!«

Fünf Grand-Slam-Siege und ihre Geschichte

Drei Wörter und zwei Binde-striche, übernommen aus dem Amerikanischen: Grand-Slam-Sieg. Oder: Grand-Slam-Titel. Scheußliche Be-griffe. Laut ausgesprochen klingt das nach Kaugummi mit Kohlroulade. Das Dumme ist bloß, daß es im Deutschen für

den Titelgewinn bei einem der vier großen Turniere der Welt nach wie vor keinen prägnanten Begriff gibt. Doch der begeisterungsfähige Tennisfan lernt schnell, und so viel begreift auch er in den Monaten nach Boris Beckers erstem Erfolg in Wimbledon: auf die Siege in Melbourne, Paris, Wimbledon und Flushing Meadow kommt es an in der Tenniswelt, wie immer man diese Siege nennt.

Boris Becker sagt: »Auf dem Weg dorthin erlebt man die tollsten Dinge. Und sich die ganze Zeit auf das Ende zu freuen ist manchmal schöner als das Ende selbst.«

Er muß es wissen, er hat es fünfmal erlebt.

■ Im Jahre 1 nach Wimbledon 1985

Als er 1986 wieder in London landet, ist er erleichtert. Die French Open haben ihm schwer zugesetzt. In Paris hat er in einem vornehmen, alten Kasten gewohnt, der ihm wie ein mit dicken Teppichen ausgelegtes Gefängnis vorkam; überhaupt kam ihm sein ganzes Leben jetzt manchmal wie ein Gefängnis vor. Im Training führte er sich auf wie zu schlimmsten Kindertagen, war störrisch und lehnte alles ab, und zu allem Überfluß stritten sich auch der Trainer und der Manager ohne Unterlaß. Sie waren uneins in der Frage, wie er denn nun auf Sand zu spielen habe. Bosch war für das gleiche System wie auf schnellen Böden, Tiriac verordnete Topspintennis von der Grundlinie.

Becker spielte halbherzig von allem etwas und verlor im Viertelfinale gegen den vergleichsweise unbekannten Schweden Mikael Pernfors. Nein, er verlor nicht nur, er verweigerte. Den letzten Satz gegen Pernfors – 0:6 – warf er weg wie einen alten Lappen. Danach ist er ihnen davongelaufen auf der Suche nach ein wenig Normalität. Als er zurückkam, ging es ihm besser. Günther Bosch hat mal gesagt, in dieser Zeit sei der Boris zum Mann geworden.

■ Wimbledon 1986

Als Becker nun in Wimbledon wieder den Centre Court betritt, kommt es ihm vor, als sei das eine Jahr nur draußen, vor den Toren der Anlage vergangen. Von seinem Gefühl für das Spiel auf Rasen hat er nichts verloren. Es ist diesmal das Jubiläumsturnier der All England Championships, zum 100. Mal wird um den Titel der Herren gespielt.

Für Becker ist es der dritte Auftritt, aber er spielt nun wirklich wie jemand, der hier jeden Quadratzentimeter Boden kennt und der alles weiß, was man braucht, um auf Rasen erfolgreich zu sein. Er schlägt besser auf denn je, und da sie seinen imposanten Aufschlag schon kennen, beschäftigen sich die Fans jetzt ein wenig mehr mit dem Geheimnis seiner kaum weniger auffälligen, unberechenbaren Vorhand. Es ist ein Schlag, der die Gegner ratlos macht, denn bis zum allerletzten Moment können sie nicht erkennen, wohin der Ball gehen wird. Aber welchen Sinn macht es, das Spiel in Einzelteile zu zerlegen, es geht ums Ganze. Bis zum Halbfinale gibt der Titelverteidiger lediglich einen Satz ab, und unter den Besiegten ist auch jener Mikael Pernfors, der ihn keine drei Wochen zuvor in Paris noch als ganz anderen Gegner erlebte.

Im Halbfinale trifft Becker wieder auf Henri Leconte, den neuen Stern der Franzosen, gegen den er gern antritt, weil er weiß, daß es schöne Spiele werden. Gegen Leconte, den eleganten Angreifer, kann Becker Wucht und Geschwindigkeit seiner Schläge höchst wirkungsvoll einsetzen. Er verliert den dritten Satz im Tiebreak, doch an seinem Sieg gibt es keinen Zweifel. Als sie sich danach am Netz die Hände entgegenstrecken, sehen sich die beiden so entspannt lachend an, als kämen sie von einem vergnüglichen Trainingsspiel auf dem Nebenplatz.

Daheim in Deutschland sind die Reaktionen anders als im Jahr zuvor. Das Interesse an Beckers Ballzauber ist mindestens wie '85, aber es ist eine andere Art von Aufmerksamkeit. Die Leute haben schon das Empfinden verloren, daß sie gerade etwas Ungeheuerliches erleben; diesmal sind sie verblüfft angesichts seiner Souveränität. Manchmal wünschen sie sich,

daß es wieder eines jener prickelnden Dramen in fünf Sätzen gäbe, und dennoch fühlen sie sich auf gewisse Weise bestätigt. Na klar, Becker ist der Größte.

Und Ivan Lendl ist der Erste. Seit Februar '83 steht der gebürtige Tscheche an der Spitze der Weltrangliste, so unverrückbar wie ein Fels. Man weiß, daß er im Gegensatz zu Becker dem Spiel auf Rasen wenig abgewinnen kann, daß sein Volley, vorsichtig ausgedrückt, stark verbessert werden könnte, aber er spielt sicherer und druckvoller denn je, nachdem er in Paris gerade zum zweitenmal die French Open gewonnen hat.

Becker weiß das alles auch. Am Morgen des Finales, es ist der 6. Juli 1986, fühlt er sich bereit für die Begegnung mit Lendl und ist dennoch auf beinahe unerklärliche Weise locker. Bosch summt ein Lied, Becker summt mit, und die Melodie läßt sie nicht mehr los. Sogar in der Kabine, kurz vor dem Spiel, singen sie: »Dies ist der schönste Tag in meinem Leben...«

Er nimmt den Rat an, nicht ausgerechnet jetzt im Finale den Künstler zu spielen, nachdem er während des gesamten Turniers ganz bewußt und überlegen seine Chancen nutzte. Manchmal erinnerte er dabei nur noch entfernt an den Heißsporn des Vorjahres,

der auch schon mal brüllte und fluchte, wenn er den Ball nicht richtig traf. Nicht, daß er gar nichts mehr sagt, aber er ist merklich ruhiger.

Und auf diese strenge Art bietet er Lendl, der weiß Gott überzeugend spielt, Paroli. In jedem der drei Sätze entscheiden Kleinigkeiten, doch selbst im kleinen ist Becker an diesem Tag der Bessere. Alle Routine und Cleverneß nützen Lendl letztlich nichts. Als Becker gegen Ende des dritten Satzes sogar noch im Liegen einen unerreichbaren Ball schlägt und den Punkt macht, ist es auch dem letzten der rund 14 000 in der grünen Oper des Tennis und den Millionen von Fernseh-Zuschauern klar: der Wimbledonsieger des Jahres '86 wird der des Jahres '85 sein. Wie damals hat Becker das letzte Wort, und wie damals entscheidet er das Spiel mit einem Aufschlag, den der Gegner noch erreicht, aber nicht returnieren kann.

Wieder reckt der Sieger die Arme in die Luft und ballt die Fäuste zum Zeichen des Triumphs, und in diesem Augenblick sieht er fast so jung aus wie mit 17. Oben auf der Tribüne haut Tiriac dem vor ihm stehenden Bosch mit derartiger Wucht auf die Schulter, daß der Trainer wankt; aber er fällt nicht. Er weiß, was der Schlag bedeuten soll: Hattest recht, Günther. Auch diesmal. Doch nicht nur in Beckers Spiel, auch im Labyrinth seiner Gedanken scheint es ganz anders auszusehen als im Jahr vorher. In der Kabine fragt Bosch: »Freust du dich nicht?«, und Becker antwortet: »Doch, aber ich habe gedacht, daß es schöner ist, größer.« Keiner der 14 000 draußen käme auf die Idee, daß er so etwas denkt.

■ Wimbledon 1989

Drei Jahre und ein paar Tage später ist alles ganz anders.

Mal abgesehen davon, daß es ihm wieder nicht ganz leicht fällt, die Gedanken an die French Open in Paris zu verdrängen und zu vergessen, daß die Chance niemals größer war, diesen verdammten Sandplatz-Titel endlich zu gewinnen. Im Halbfinale gegen Stefan Edberg, einer fast vier Stunden während Achterbahnfahrt, ist er zuerst hoffnungslos, dann voller Mut gewesen und stand nach fünf Sätzen schließlich doch als Verlierer da. Daß Edberg danach im Finale Michael Chang unterlag, erlebte Becker nur noch am Fernseher.

Kann er sich hier im Londoner Südwesten immer noch zu Hause fühlen, nachdem er im Jahr zuvor zum erstenmal ein Spiel auf dem Centre Court verlor, das Finale gegen Edberg? Offensichtlich ja, und außerdem geht es ihm gut. Bob Brett, der Australier, ist seit eineinhalb Jahren sein Trainer, und auf der Tribüne sitzt Karen Schultz, die Freundin aus Hamburg. Die Auslosung hilft ihm auch ein wenig; auf dem Weg bis ins Halbfinale trifft er auf Gegner, die er in Ruhe besiegen kann, und gegen keinen von ihnen verliert er auch nur einen Satz.

Es wäre übertrieben zu sagen, daß sich seine Fans bis dahin langweilen, doch die Konstellation des Halbfinales bringt wieder alle auf die Beine; wie immer, wenn der Gegner Ivan

Lendl heißt. Überraschend hat der das Vorbereitungsturnier in Queens gewonnen, und man munkelt, er habe seine Abneigung gegen das Spiel auf Rasen nun vielleicht besiegt.

Als die Partie endlich beginnt, ist es schon Samstag; der Regen ist schuld. Mehr als zwei Stunden lang ist es ein zähes Ringen um minimale Vorteile. Becker gewinnt den ersten Satz 7:5, Lendl den zweiten 7:6. Doch nach fast zwei Wochen konstant guter Leistungen verliert Becker plötzlich den Faden; er spielt überhastet, unkontrolliert, und Lendl läßt sich dieses Angebot nicht entgehen. Er zieht davon, doch was noch schlimmer ist, Becker verliert auch das Gefühl für den Sieg.

Wieder fängt es an zu regnen, das Spiel wird unterbrochen. Das weitere Geschehen beschreibt Becker selbst: »Ich

komme total erledigt in die Kabine und sehne mich richtig nach Bob Brett, weil ich irgendwie hoffe, jetzt wird dein Trainer dir was Aufbauendes sagen. Aber was sagt er mir? Bob fährt mich an, was spielst du nur für einen verdammten Mist runter, Boris. Da bin ich so wütend geworden, daß ich ihn angeschrien habe, laß mich in Ruhe, du Sack. Ich muß, nicht du mußt da gleich wieder raus.

Was passiert? Als ich wieder auf dem Platz stehe, stellt sich Bobs Entmutigung als Ermutigung heraus. Ich merke, daß ich jetzt plötzlich auch gegen sein Geschrei anspiele, und mit dieser Wut im Bauch habe ich den Lendl dann in den letzten beiden Sätzen doch noch gepackt, aus einer absolut verlorenen Situation heraus.«

Es passiert ja nicht zum erstenmal, daß ihn ein Donnerwetter aktiviert. Und die Wirkung hält lang. Er ist anschließend derart aufgedreht, daß er sich nicht beruhigen kann. Auch nachts besetzt die Euphorie des Sieges gegen Lendl noch all seine Gedanken, und er macht kaum ein Auge zu. Als er am Morgen des Endspiels aufsteht, fehlen ihm etliche Stunden Schlaf. Das Ende wird zum Geduldsspiel. Wegen der ständigen Verschiebungen stehen nun am Sonntag zwei Endspiele auf dem Programm: zuerst das der Damen zwischen Steffi Graf und Martina Navratilova, danach das der Herren zwischen Becker und Stefan Edberg. Sehr zur Freude der 14 000 Zuschauer, die zwei

Glückslose zum Preis von einem ziehen und sehr zum Leidwesen vieler deutscher Journalisten. Ihr Problem: Zum erstenmal stehen Graf und Becker in den Finalspielen der All England Championships, und die finden nun ausgerechnet auch an einem Tag statt.

Becker und Edberg müssen sich einige Zeit gedulden. Erst nach drei höchst wechselvollen Sätzen steht Steffi Graf als Champion fest, dann folgt die Siegerehrung, und als der Höhepunkt des Tages endlich beginnt, ist es schon später Nachmittag. Die deutschen Schreiber geben sich der Hoffnung auf einen gemächlichen Beginn des Herrenfinales hin, um in dieser Zeit die umfassende Würdigung des Grafschen Sieges zu verfassen.

Denkste. Becker spielt, als sei er noch immer in Trance. Mit traumwandlerischer Sicherheit gelingt ihm fast jeder Schlag, und Edberg reagiert völlig konsterniert. Die Berichte über Fräulein Graf sind noch nicht annähernd druckreif, da hat Becker schon den ersten Satz 6:0 gewonnen, und so etwas ist ihm noch nie in einem großen Finale passiert.

Stefan Edberg rappelt sich auf. Bis zum Tiebreak des zweiten Satzes hält er mit, doch als Boris Becker auch den gewinnt, mag niemand mehr ein Pfund auf den Schweden setzen, und es lohnt sich auch nicht mehr. Im Stil eines Herrschers in Wimbledons Reich gewinnt Becker zum drittenmal den Titel, und als ihm dann der Herzog von

Kent anschließend die Trophäe überreicht, da schwebt er noch immer.

Es gibt niemanden, der die Bedeutung dieses Augenblicks am 9. Juli 1989 nicht auf den ersten Blick erkennen könnte. Wie das Kind einer großen Liebe hält Becker den Pokal, und darin spiegeln sich sein Glück, seine Rührung, sein Stolz. Dieser Titel bedeutet ihm endlos mehr als der des Jahres 86, weil er inzwischen genau weiß, wie es ist, der Verlierer zu sein. Hier und anderswo. Dies ist ein Sieg der Sehnsucht.

■ In Flushing Meadow 1989

Schluß mit der Träumerei, ein paar Wochen später geht's in die Hexenküche des Tennis, zu den US Open nach New York. Mit Konzentration und Kunst gibt es da nichts zu gewinnen. Becker brauchte ein paar Jahre, um das zu begreifen: »Wenn man hier gewinnen will, muß man es lieben. Sonst hat man keine Chance.« Doch es ist nicht so leicht mit der Liebe an einem Ort, der erzittert unter dem Getöse der

Düsenjets, die ihn in geringem Abstand überfliegen, der an den süßen Schwaden erstickt, die aus Popcornbuden herüberwehen, und der von von 20000 lärmenden Zuschauern heimgesucht wird, die keine Viertelstunde lang ruhig sitzen können. Eher ist es ein Ort der Leidenschaft, die entsteht an diesen feuchtheißen Septembertagen und in ihren unruhigen Nächten.

Becker, der Nachtmensch, mag New York und all seine Verrücktheiten. Und er mag es, abends unter Flutlicht auf den Centre Court des Louis-Armstrong-Stadiums hinauszugehen, die Unruhe und Neugier der Leute zu spüren, sie aufzunehmen und sich einzureden, mit seinem Spiel gewinne er die Macht über ihre Gedanken. Hier zu spielen, sagt er, sei wie ein Liebesakt.

Was er weniger mag, sind Duelle in hellem Licht, in der Hitze des Tages, wenn er schon am Anfang ahnt, wie mühselig wieder alles werden wird. So ein Tag ist es, als er in der zweiten Runde der US Open 1989 gegen Derrick Rostagno spielt. Der Amerikaner ist keiner der großen Gegner – allerdings ein recht ansehnlicher Mann, was, zugegeben, in diesem Zusammenhang nichts zur Sache tut. Dieser Rostagno also ist selbst überrascht, wie schnell und vergleichsweise leicht er die ersten beiden Sätze gegen den Wimbledonsieger gewinnt. Den dritten Satz gewinnt Becker, doch im Tiebreak des vierten hat Rostagno plötzlich zwei Matchbälle.

Den ersten wehrt Becker ab, und beim zweiten – es ist nicht zu fassen. Rostagno steht gutplaziert am Netz, als Beckers schlapper Verteidigungsball die Netzkante streift, über den Schläger des Amerikaners hinwegfliegt und unerreichbar in dessen Feld landet. Becker gewinnt den Tiebreak und das Spiel.

Das paßt, denn in diesen Tagen kommt ihm manches ein wenig irrational vor. Nächtelang streitet er sich mit Freundin Karen, am Tag fährt er raus nach Flushing Meadow zur Arbeit und fühlt sich richtig wohl in den Grenzen des Tennisplatzes. Dieses Phänomen kennt er. »Wenn mich außerhalb etwas belastet, dann nehme ich das Spiel nicht mehr so ernst«, sagt er, »und ich bin dann entspannter.«

Als das Endspiel gegen Ivan Lendl bei 35 Grad im Schatten beginnt, gibt er sich dennoch keine große Chance. Er fühlt die Müdigkeit im Kopf und in den Beinen und glaubt, daß nicht genug Kraft übriggeblieben ist, um Lendl zu besiegen. Doch es geht besser als er dachte.

Während der drei Stunden und 51 Minuten gibt es nur ganz wenige Situationen, in denen der eine in seiner Überlegenheit unantastbar, der andere ganz und gar ohne Chance wäre. Später steht in einer Statistik über alle gespielten Punkte der Partie als Bilanz: 134:134. Soll man da wirklich von Siegern und Verlierern reden?

Während sie rennen, ausholen und schlagen, geht hinten am Horizont über Manhattan die

Sonne unter, später zieht eine leicht kühlende Brise herauf. Und als es dunkel wird, begreift Becker im Tiebreak des vierten Satzes, daß er kurz vor dem Sieg steht. Bevor er den Ball hochwirft beim Stand von 5:4, schießt ihm ein unglaublicher Gedanke durch den Kopf: »Verdammt. Ich hab's gewonnen.« Ein leicht irres Lächeln huscht über sein Gesicht, verschwindet wieder, und er schlägt auf: As, 6:4. Völlig entspannt verwandelt er den Matchball.

■ Auf dem Weg nach Melbourne 1991

Der Rausch des Sieges dauert lang. Ein Jahr später sagt er über die folgenden Tage und Wochen: »Am liebsten hätte ich mich irgendwo vergraben und für den Rest meines Lebens den in meinem Inneren immer wieder ablaufenden Film dieses Spiels angesehen.« Er sagt es ein paar Monate, bevor er in Australien zum fünftenmal ein Grand-Slam-Turnier gewinnt und damit Erster der Weltrangliste wird. Ist das nun sein größter Sieg, der schönste, der wichtigste? Ist er glücklicher als damals in New York? Wahrscheinlich sind das Dinge, die nur die Buchhalter des Erfolges interessieren. Wer Gefühle nach Superlativen sortiert, zerstört ihr Geheimnis.

Blitz und Donner

In jedem Jahr eine andere Haut, weil die alte nicht mehr paßt

Wie lange dauert es, bis man einen fremden Menschen begreift? Ein paar Monate, ein Jahr, fünf Jahre? Ist es überhaupt möglich, einen Menschen zu begreifen, indem man ihn aus der Distanz beobachtet, aus seinem Verhalten und seinen Worten Schlüsse zieht und von den Geheimnissen seines Alltages dennoch kaum etwas weiß? Am Anfang gibt es nichts, was man wissen muß, denn es

am Boden liegend blinzelnd zusieht, ob ihn der Gegner noch erreichen wird. Der sich dabei blutige Knie und blaue Flecken holt, was seinen Spaß offensichtlich steigert.

■ Der Reiz des Unberechenbaren

Die Phase der einseitigen Annäherung dauert zwei Wochen, vom 24. Juni bis zum

Danach wird es nie mehr so sein, wie es früher war: Wimbledon-Sieger Boris Becker bei seinem Empfang in Leimen am 13. Juli 1985.

genügt, den eigenen Augen zu trauen. Man sieht einen großen, manchmal tapsig wirkenden Jungen, der mächtige Schläge beherrscht und mit einer solchen Intensität spielt, als lebe er nur für diese Stunden auf dem Tennisplatz. Der ständig seine Umgebung mustert und sich auch dann als Herr des Hauses fühlt, wenn seine Gegner älter und erfahrener sind. Der zum Aufschlag ausholt, den Ball in die Höhe wirft, dann abspringt, in der Luft die Beine leicht kreuzt und vor der Grundlinie landet, in einer großen, harmonischen Bewegung. Der am Netz nach einem Ball hechtet und dann

7. Juli des Jahres '85, und in dieser Zeit machen sich Millionen Menschen ein Bild vom 17 Jahre alten Boris Becker aus Leimen.

Die jüngeren unter ihnen sitzen vor den Fernsehschirmen und freuen sich über einen Teenager, der die Faust ballt und die gewohnte Ordnung durcheinanderbringt; die älteren reiben sich zuerst verwundert die Augen und erinnern sich dann an den Reiz des Unberechenbaren.

Und was macht Boris Becker in diesen zwei Wochen, abgesehen davon, daß er in Folge die wesentlich älteren Kollegen Pfister, Anger, Nyström,

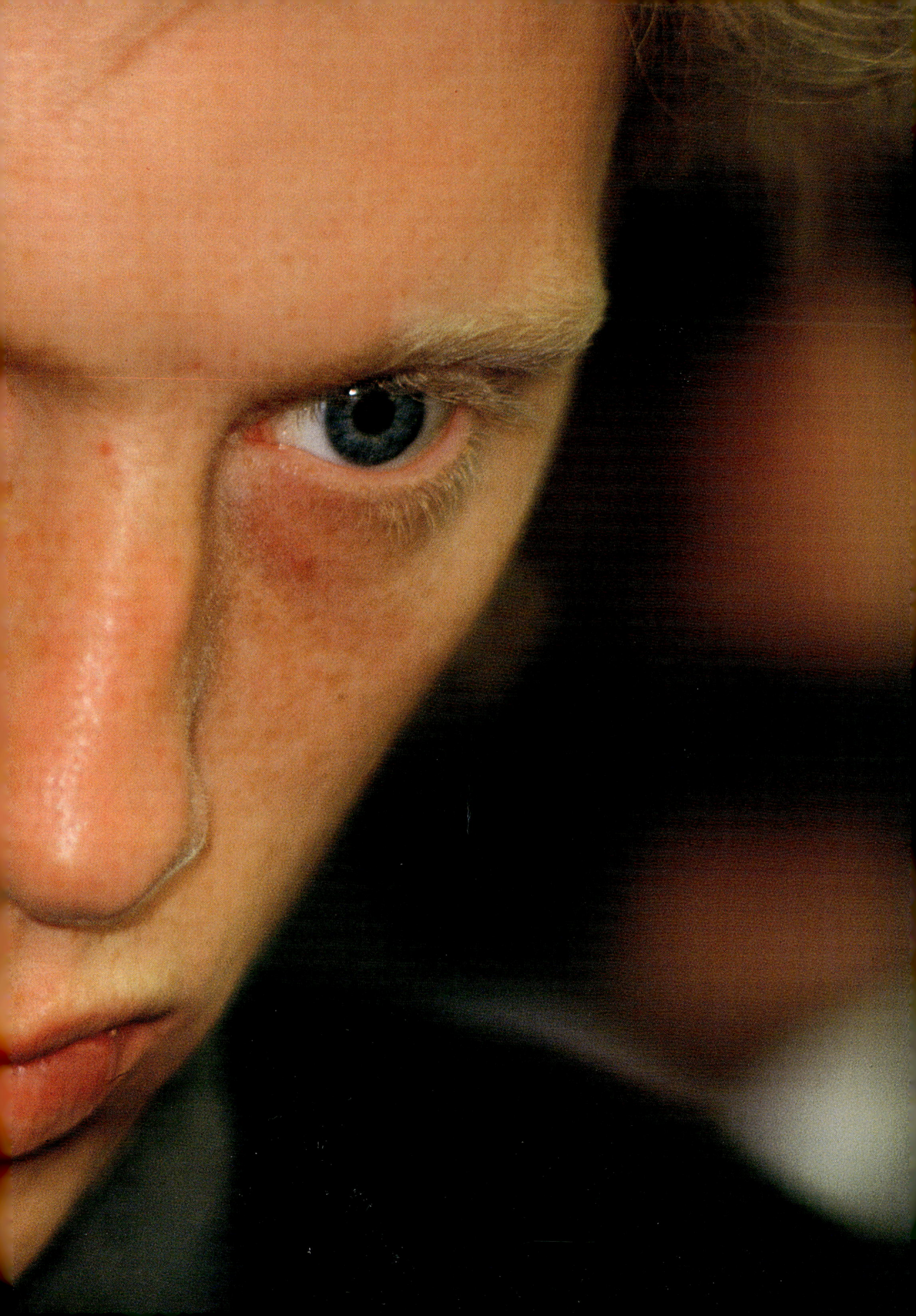

Mayotte, Leconte, Jarryd und Curren besiegt? Er weiß nicht, wie ihm geschieht. Er kann seinen Traum und die Wirklichkeit manchmal gar nicht mehr auseinanderhalten.

Es ist schön zu siegen, die Emotion der Masse zu spüren, und unbeschreiblich, im entscheidenden Moment mit voller Absicht ein As zu schlagen.

Doch wie ist es, nach so aufregenden Stunden in ein Hotelzimmer zurückzukehren, zu zwei vergleichsweise älteren Herren, die einen auch nach den verrücktesten Siegen daran erinnern, wie es weitergehen wird? »Mensch, können wir uns nicht eine halbe Stunde freuen«, sagt er manchmal, »müssen wir jetzt schon über das nächste Match sprechen?«

Und dann kommt der Urknall des 7. Juli. Ein paar Wochen zuvor hat er noch für »Rocky« geschwärmt, und auf einmal ist er selbst ein Star, so groß, daß Rocky vor Neid zu Boden ginge. Was er in den Zeitungen über sich liest, kann er kaum glauben.

»Meinen die wirklich mich?« fragt er.

■ Alle wollen Becker

Er bekommt eine Ahnung von den Umrissen seines zukünftigen Lebens, als er eine Woche nach dem Wimbledonsieg im offenen Wagen durch die Straßen seiner Heimatstadt Leimen kutschiert wird. 30 000 Menschen drängeln in den Straßen und jubeln ihm zu, und vor dem alten Schloß, in dem das Rathaus untergebracht ist, haben sie eine derart bombastische Holztribüne errichtet, als sei nicht ein Tennisspieler, sondern der Papst auf dem Weg zum Bürgermeister.

Er winkt und lacht, doch er denkt sich auch, ganz heimlich: »Hoffentlich ist das hier bald vorbei.«

Innerhalb weniger Wochen erfährt Boris Becker, daß es für ihn in Deutschland keinen Ort mehr gibt, an dem er frei leben kann und nicht wie ein Königspinguin im Tierpark bestaunt wird.

In Monte Carlo, seinem zweiten Wohnsitz, ist es ein wenig besser, doch vor allem im Sommer, wenn die Touristen kommen, traut er sich auch hier kaum noch auf die Straße. Manager Ion Tiriac sondiert von früh bis spät Angebote, und sein tragbares Telefon schweigt keine Sekunde still. Alle wollen Becker.

So verändert er sich zum erstenmal. Er gerät ins Taumeln bei der Suche nach einer Position. Einerseits schmeichelt es ihm ungeheuer, jeden noch so unwichtigen Satz, den er sagt, in der Zeitung des nächsten Tages auf der Titelseite zu finden, andererseits denkt er: Sind die denn alle bescheuert?

Als er ein paar Wochen nach seinem Wimbledonsieg bei einem ziemlich nebensächlichen Turnier in Kitzbühel in der ersten Runde gegen einen gewissen Diego Perez verliert, löst die Niederlage ein mittelschweres Erdbeben in der Medienlandschaft aus. »Was ist mit Boris los?« Ja, was soll sein, manchmal verliert man eben.

Er ist in einem Alter, in dem man gern ins unreine redet und krause Gedanken pflegt. Er kann es sich nur noch leisten, sich wie ein Teenager zu benehmen, wenn er sich hinter hohen Mauern versteckt. Sagt er, er fahre gern schnell Auto, liegt am nächsten Tag der Protest der Automobilclubs auf dem Tisch, und es heißt, er habe eine schlechte Wirkung auf andere Jugendliche. Sagt er, Blau sei eine schöne Farbe, meldet sich gleich der Club zur Verteidigung der Farbe Rot e.V. und protestiert schärfstens. So geht es jeden Tag.

Und die Hysterie nimmt zu, als er zum zweitenmal in Wimbledon gewinnt. Kaum jemand denkt daran, daß innerhalb eines Jahres endlos viel mehr passiert ist, als ein Leben zwischen 17 und 18 zu fassen vermag.

Öffentlich wird seine erste Liebe diskutiert; es ist die Umsetzung von Herzklopfen in Auflagenhöhe. Daß er bisweilen Meinungen von sich gibt, die seinem Alter, aber nicht seinem Bekanntheitsgrad entsprechen, trägt ihm manch hämische Kritik ein. In einem Interview sagt er 1986: »Ich bin das Vorbild der neuen Deutschen«, und eine Leserin fragt pikiert: »Was ist das für eine Welt, in der ein neunmalkluger Himbeerbubi, bei dem die geistigen Fähigkeiten proportional zu den körperlichen nicht gewachsen sind, eine Lichtgestalt genannt wird?« Gegen solche Schüsse gibt es keine Verteidigung.

Vom Helden zum Versager – und umgekehrt

Aber es kommt noch schlimmer. Als die Partnerschaft mit seinem Förderer und Trainer, dem ehemals väterlichen Freund Günther Bosch zerbricht, paßt nichts mehr zusammen. Er fühlt sich verraten, er verliert weit häufiger als in den zurückliegenden zwei Jahren, und die Begeisterung schlägt um. Er treibt wie eine Scholle Packeis im Ozean; jede Berührung mit dem Festland gerät zum Zusammenstoß und schmerzt, von der Kälte gar nicht zu reden. Als er 1987 in Wimbledon zum erstenmal verliert, ist das wie ein Untergang. Er ist unglücklich, depressiv und überfordert. Den Weg vom Helden zum Versager und umgekehrt legt er bisweilen innerhalb weniger Tage zurück. Die giftigen Pfeile, abgeschossen in Wimble-

don, stecken noch in seinem Rücken, als Becker in Hartford im längsten und einem der besten Davis-Cup-Spiele aller Zeiten John McEnroe besiegt, und die Lobesarien klingen noch in seinen Ohren, als er ein paar Wochen später nach einer Niederlage bei den US Open gegen Brad Gilbert wieder zum Versager gemacht wird. »Ist Boris Becker schon am Ende?«

Gewöhnlich fühlt er sich richtig gut in aussichtslosen Situationen, und manchmal fügt er sich Schmerzen zu, um zu prüfen, ob er wach genug ist. Doch auch das funktioniert plötzlich nicht mehr. Er verliert das Gefühl, jede Krise meistern zu können. Er verliert das Gefühl für seinen Aufschlag; für jenen Schlag, mit dem er Gegner einschüchtert und ihnen klarmacht, daß sie keine Chance haben werden. Als das Jahr '87 zu Ende geht, sind nicht wenige seiner Landsleute davon überzeugt, das sei es wohl gewesen mit

dem jüngsten Wimbledonsieger aller Zeiten. Das Gesicht des gerade 20 Jahre alten Becker erinnert kaum noch an das des 17jährigen Boris. Der Ausdruck kindlicher Neugier ist verschwunden, an seiner Stelle finden sich Ablehnung und Mißtrauen.

Er hat einen Haufen Geld und weiß, daß er davon bis ans Ende seiner Tage leben kann. Wenn ihn die Leute anstarren, bildet er sich ein, unter ihren Blicken auszutrocknen, all seine Energie zu verlieren. Und er hat Angst, eines Tages allein zu sein in einem großen Haus, dazustehen mit einer eisigen Leere im Herzen und im Kopf. Er, der geborene Gefühlstäter aus dem Sternzeichen des Skorpion. Manchmal wünscht er sich, es hätte den 7. Juli 1985 niemals gegeben.

Die Erkenntnisse aus den Phasen fortgesetzter schwerer Niederschläge helfen ihm dabei, nicht die Übersicht zu verlieren, als es '88 allmählich wieder aufwärts geht. Er begreift, daß es keinen Sinn macht, sich zu verstecken, wenn man Hunger auf das Leben hat. Mit Karen, seiner neuen Liebe, geht er in Hamburg aus und nähert sich jener Stadt, von der er zwei Jahre zuvor nur die Tapete seines Hotelzimmers kannte. Man trifft ihn in der Früh' beim Brötchenholen, und über den eigenhändigen Kauf eines Toasters im Supermarkt freut er sich mehr als andere über die tollsten Weihnachtsgeschenke. Das ist banal, aber so ist das Glück im kleinen, und davon will er endlich mehr haben.

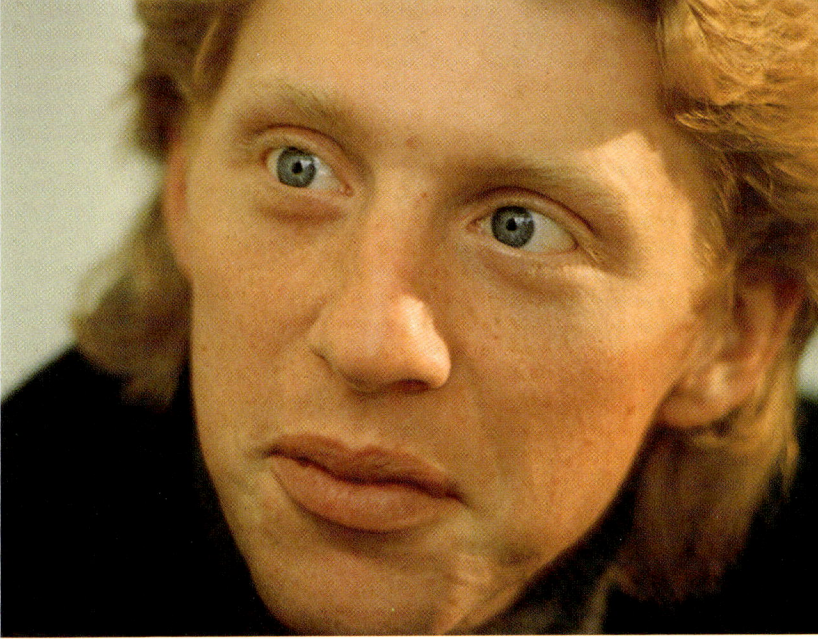

Siege und Niederlagen
prägen das Gesicht
eines Champions: »Ich
habe mich immer auf
mich verlassen, auf
mein Inneres gehört.«

Das Jahr 1989 beginnt mit einer erneuten Enttäuschung in Australien, doch danach fügt sich auf wunderbare Weise eins ins andere. Den dritten Wimbledonsieg genießt er wie jemand, der lange Zeit reiste und nun heimgekehrt ist, sehr bewußt und sehr erwachsen. Obwohl er sich zunächst keine großen Hoffnungen macht, gewinnt er auch die US Open; und zum Ende des Jahres holt er nach einer rauschenden Demonstration seiner Tenniskunst gemeinsam mit Eric Jelen, Carl-Uwe Steeb und Patrik Kühnen zum zweitenmal den Davis Cup. Er sagt: »Ich spiele nicht mehr Boris Becker, ich bin es wieder.«

An guten Tagen spielt er Tennis, daß einem der Atem stockt: voller Leidenschaft und Phantasie, aber auch kraftvoll, dynamisch und kämpferisch. Manchmal ist es die pure Magie. An schlechten Tagen spielt er Tennis zum Verzweifeln: voller Sturheit und Rechthaberei, wehleidig bis zur Schmerzgrenze, immer im Widerstreit mit sich selbst. Dann steht er da, verzieht das Gesicht zu einer weinerlichen Grimasse und jammert mit einer fremdklingenden, viel zu hohen Stimme: »Mist, Mist, Mist. Ich bring' kei-nen Ball da rüber. Kei-nen ein-zi-gen Ball.«

Das ist manchmal ganz leicht zu verstehen: Jeder weiß, wie es zugeht, wie man sich fühlt an schwarzen Tagen. Mit der Zeit läßt der Schmerz nach Niederlagen schneller nach, da gehen sie ihm nicht mehr eine Woche lang im Kopf herum und blockieren alle Ge-

danken und Gefühle. Nur im ersten Augenblick, da ist die Verzweiflung groß, auch nach einigen Jahren noch.

Daß ihn aber die schönsten Siege bisweilen in die größte Verwirrung stürzen, das begreifen selbst seine Freunde nicht immer. An einem Tag fühlt er sich wie der König der Welt, am nächsten findet er den Weg zurück in die Normalität nicht mehr und fragt sich: »Und jetzt? Was kann jetzt noch kommen.« Er begibt sich auf die Suche nach dem Sinn und landet in einem Wald aus Fragezeichen.

Becker spielt öfter großes Tennis als die anderen der Weltelite, als Lendl oder Edberg, aber er spielt auch weniger konstant als sie. Eine Zeitlang sieht es so aus, als könne er es deshalb einfach nicht schaffen, Erster der Weltrangliste zu werden. Er sagt, nach seinen eigenen Maßstäben sei er schon der Beste, aber er begreift, daß dieser Gedanke nur die halbe Wahrheit ist und er die andere Hälfte auch noch haben will.

Er plagt sich mit mancherlei Verletzungen herum; Muskelfaserrisse, Zerrungen, Infektionen. Sein massiger, schwerer Körper braucht eigentlich besonders konstante Pflege, doch er leistet sich schon mal Nachlässigkeiten, die sein Körper nicht verträgt. Trainiert er genug und richtig? Keine Antwort.

Als er es an einem Januartag '91 in Australien endlich schafft, die Nummer eins zu werden, ist das wie der offizielle Vollzug einer bis dahin wilden Ehe. Er lebt den

Rausch aus und läßt sich fallen. Wieder begreifen ihn viele Leute nicht. Jetzt hat er doch, was er wollte, warum hält er dann nicht daran fest?

Er läßt los. Die Beziehung mit Karen geht zu Ende, die Beziehung zu Wimbledon wird schwer erschüttert bei der Niederlage im Finale gegen Michael Stich. Am gleichen Abend schlurft er auf Socken durchs sogenannte deutsche Haus, als es klingelt. Vor der Tür stehen Reporter, die zu einem kleinen Empfang des Deutschen Tennis Bundes für Michael Stich geladen sind. Dann kommt Stich, und alles dreht sich um den neuen Sieger. Becker bedient die Gäste mit einer Platte belegter Brote und zieht sich zurück auf die Terrasse. Es wird dunkel. Er ist draußen.

Ein paar Tage danach sagt er, dies sei seine schlimmste Niederlage gewesen. Eine Zeitlang kommt er sich wieder vor wie ein Heimatloser. Er lebt ohne Ziel; er arbeitet verkrampft, und er fühlt sich nicht wohl. Im italienischen Restaurant jener Tennisanlage, die dem Davis-Cup-Teamchef Niki Pilic in München gehört, kennen ihn längst alle Ober. Sie stören ihn nicht, wenn er sich nach dem Training in der Eckbank aufs Ohr legt und schläft, weil es sonst nichts zu tun gibt. »Das ist eigentlich wie bei einem, der keinen Titel und kein Geld gewonnen hat«, sagt er, »wie bei einem, der nichts hat.«

Ein paar Monate später sagt er, nun habe er alles. Stolz präsentiert er der Welt seine Traumfrau, die Münchner

Schauspielerin Barbara Feltus. Auf den ersten Bildern sieht das Paar so unbeschwert glücklich aus, daß man neidisch werden könnte, hätte man nicht selbst solche Bilder daheim.

Es ist kein Wunder, daß er in den folgenden Monaten öfter verliert als gewinnt. Denn Herr Becker, mittlerweile 24 Jahre alt, zimmert sich eine neue Welt. Er versucht, in den Stunden und Tagen abseits des Spiels ein in Maßen normales, lustiges Leben mit Frau und Freunden zu führen und sich Gedanken zu leisten, denen jede Zielstrebigkeit fehlt. So etwas geht nicht, sagen die Auguren. Wer den Blick für die Notwendigkeiten eines ganz geregelten und auf Tennis ausgerichteten Daseins verliert, hat auch im Spiel auf Dauer nichts Großes mehr zu gewinnen. Es gäbe genügend Beispiele, sagen sie; John McEnroe ließ in seiner Leistung nach, als er beschloß, eine Familie zu gründen, Mats Wilander fiel zurück, als er das Leben mit seiner Sonya in vollen Zügen genoß, anderen ging es ähnlich.

Zum erstenmal seit der Krise '87 erreicht Becker 1992 bei keinem der vier Grand-Slam-Turniere das Endspiel, doch er holt sich zwei hübsche Entschädigungen: die Goldmedaille im Doppel mit Michael Stich bei den Olympischen Spielen in Barcelona und völlig überraschend zum Ende der Saison nach ein paar grandiosen Spielen den Titel des Weltmeisters der ATP. Am Tag des Endspiels wird er 25. Als die begeisterten Zuschau-

er in der Frankfurter Festhalle »Happy Birthday, lieber Boris« singen, und er die Kerzen auf einer großen Torte ausblasen soll, macht er gute Miene zum blöden Spiel. Er weiß, daß dieses Theater mit dem, was er empfindet, kaum etwas zu tun hat.

■ »Ich bin noch lange nicht fertig mit diesem Spiel«

Er läßt sich einen Bart wachsen, trägt das rotblonde Haar ganz kurz und amüsiert sich bestens darüber, daß die Leute diskutieren, welche Bedeutung das nun wieder haben könnte. Ebenso, wie sie sich früher darüber den Kopf zerbrochen haben, warum er ständig nach Luft schnappt und ob er, der manchmal in der Öffentlichkeit ein wenig unzusammenhängend redet, denn seine Muttersprache überhaupt noch beherrsche. Er unternimmt alles, um nicht immer wieder in dieselbe Schublade geschoben zu werden. Er hält sich eine Maske vors Gesicht, um dahinter ungestört die Augen schließen und träumen zu können.

Oft beklagt er den Verlust seiner Privatsphäre, doch auf einmal läßt er sich mit der Verlobten im Bett fotografieren. Er sieht darin keinen Widerspruch. Er sagt, es sei ein Unterschied, ob er sich für solche Fotos entscheide oder ob ihm jemand nachrenne und sie heimlich mache. Außerdem: es macht ihm Spaß zu provozieren, und die Klaviatur

der Medien beherrscht er auch ganz gut. Dreimal im Jahr ein großes Interview zu geben, von dem dann alle reden – damit kann er leben. 1993 ist – mit wenigen Ausnahmen – ein dürftiges Jahr, was seine sportliche Bilanz betrifft, und grandios gut im Privaten. Er verliert bisweilen auf eine Art, daß das Zuschauen zur Qual wird, und er rutscht aus den Top ten der Weltrangliste. Viele der jungen Spieler treten ihm gegenüber auf, als gehöre nichts dazu, einen wie Boris Becker zu besiegen. Das macht ihm zu schaffen, denn es erinnert ihn an eine Zeit, die schon lange zurückliegt.

Andererseits gibt es Erlebnisse wie das Viertelfinale in Wimbledon gegen Michael Stich, in dem er mit aller Macht den Sieg erzwingt im Spiel zweier großartiger Gegner und man sich nicht vorstellen kann, warum er dieses größte aller Turniere nicht noch einmal gewinnen sollte. Bevor er sich am Ende des Jahres für ein paar Wochen ins Privatleben und in den Vaterschaftsurlaub verabschiedet, verkündet Boris Becker: »Ich bin jetzt ein glücklicher Mensch.« Er freue sich auf seine Rückkehr, er sei noch lange nicht fertig mit diesem Spiel. »Ich werde mit kleinen Schritten anfangen«, sagt er, »ich werde brennen.«

Man wird ihn wieder beobachten, sich allerlei denken und ihn dennoch nicht begreifen. Aber was macht das schon? Wer Blitz und Donner mag, muß nichts von Physik verstehen.

Auf dem Dach der Welt

Ein Tag wie kein anderer

Ganz allein, die Prinz-Heinrich-Mütze tief ins Gesicht gezogen, schleicht er aus der Frankfurter Festhalle hinaus in die naßkalte Nacht. Nach Niederlagen heimzugehen ist immer ein schwerer Weg, doch diesmal ist es besonders schlimm. Es sieht so aus, als schleppe er in seiner blauen Sporttasche Ziegelsteine davon; jeder ein Quader aus Enttäuschung.
Wie Becker zuvor im Halbfinale der ATP-Weltmeisterschaft gegen Andre Agassi verloren hat, das schmerzte. Er, dessen aggressive Körpersprache bisweilen Gegner einschüchtert, läßt Kopf und Schultern hängen an diesem November-Abend 1990, reagiert so langsam, als habe er Schlafmittel genommen, und fügt sich beinahe teilnahmslos in sein Geschick.

»Der schafft es nie«

So schnell ist das wieder gegangen. Keine zwei Wochen zuvor hat er sich vor lauter Bewunderung kaum noch retten können. Nachdem er Anfang Oktober das Hallenturnier in Sydney gewann und eine Woche später das Finale in Tokio erreichte, war Becker nach Europa zurückgeflogen und hatte, als sei das nichts, auch das Hallenturnier in Stockholm gewonnen. Da sein Gegner dort im Endspiel wie schon in Sydney Stefan Edberg war, wurden an jedem Tag neue Meldungen verbreitet, wie viele Punkte ihm nun noch fehlten, um den Schweden an der Spitze der Weltrangliste abzulösen. Meldungen, die sich anhörten wie Wasserstandsberichte. Anfang November schien es erneut soweit zu sein. In Paris-Bercy spielte Becker großartig, wie schon seit Wochen, und erneut traf er im Endspiel auf Edberg. Und genau einen Sieg gegen seinen langjährigen Kontrahenten brauchte er noch, um vom Computer der Spieler-Vereinigung ATP die Bestätigung zu bekommen, daß er nun offiziell der Erste aller Tennisprofis sei. Er will es endlich haben, »dieses verdammte Papier mit der 1 drauf«.

Doch daraus wird nichts, denn das Finale in Bercy endet mit einem schmerzhaften Rückzug. Ein Muskelfaserriß im linken Oberschenkel zwingt den Herausforderer zur Aufgabe, Stefan Edberg bekommt einen Sieg geschenkt, um den er lieber gespielt hätte, und das Pariser Publikum schwankt zwischen Mitleid für Becker und Enttäuschung über das entgangene Spektakel. Becker fliegt nach München, läßt sich in der Praxis seines Arztes und Freundes Hans-Wilhelm Müller-Wohlfahrt intensiv behandeln, um möglichst schnell wieder auf die Beine zu kommen. Er versucht hineinzuhorchen in seinen Körper und Antwort auf die Fragen zu finden: Hält der Muskel? Kann ich in Frankfurt spielen? Die Entscheidung fällt ihm nicht leicht, denn zum einen findet das ATP-Finale zum erstenmal in Deutschland statt, und zum zweiten besteht dort unter gewissen Bedingungen noch immer die Chance, Edberg zu überholen. Als Boris Becker am Abend des Halbfinales nach der Niederlage gegen Agassi die Frankfurter Festhalle wie ein kleiner Angestellter durch den Hinterausgang verläßt, weiß er, daß sich das Risiko nicht gelohnt hat. Alles tut ihm weh. Zum Glück hört er nichts von dem, was man sich drinnen über ihn erzählt. Vieles klingt nicht besonders schmeichelhaft und führt zu einer Erkenntnis, die hinter Säulen und in Gängen die Runde macht: »Der schafft es nie mit der Nummer eins.«

Da es ihm selbst in einem so unglaublich erfolgreichen Jahr wie 1989 nicht gelungen ist, Erster der Weltrangliste zu werden, obwohl er doch das Halbfinale der French Open erreichte, zum drittenmal in Wimbledon und zum erstenmal bei den US Open in Flushing Meadow gewonnen hat, und nun auch 1990 nicht, trotz großartiger Anstrengungen in einem goldenen Herbst, woher soll man da noch die Zuversicht nehmen? Darüber hinaus weiß man manchmal nicht so recht, worum es ihm denn nun eigentlich geht. »Ich möchte der beste Becker sein, den es gibt«, sagt er. Sollte das etwas anderes bedeuten, als daß er auch der Erste sein wollte? Und was ist davon zu halten: »Jeder ist der Beste, dem es gelingt, seine Möglichkeiten voll auszunutzen, das Beste aus sich herauszuholen«? Genügt es ihm möglicherweise doch, Zweiter oder Dritter zu sein, wenn er dafür ein Leben nach seinen Vorstellungen führen kann?

Gemischte Gefühle

Früher als sonst macht er sich auf den Weg nach Australien zum ersten Grand-Slam-Turnier des Jahres '91, und wie fast immer tut er es mit äußerst gemischten Gefühlen. Manchmal kommt es ihm vor, als habe jemand seine Beziehung zu diesem Turnier verhext. Bei den Australian Open, am anderen Ende der Welt, klappte bis dahin nichts so, wie er es sich vorstellte. Und jedesmal spürte er, daß er als schwerer, hellhäutiger Typ mit roten Haaren stärker unter den extremen Witterungsbedingungen des australischen Sommers litt als viele seiner Konkurrenten.

Von Jahr zu Jahr wuchs die Summe der schlechten Erfah-

Becker ohne Probleme, doch dann scheint schon wieder alles vorbei zu sein. In Runde drei heißt der Gegner Omar Camporese; 49. der Weltrangliste, ein zäher Kerl mit mächtigem Aufschlag. Mit Mühe gewinnt Becker die beiden ersten Sätze jeweils im Tiebreak, doch dann gibt er das Spiel mehr als eine Stunde lang aus der Hand. 0:6 verliert er Satz Nummer drei, 4:6 den vierten, und im fünften wechseln Vor- und Nachteile am Rande des Abgrundes beinahe von Minute zu Minute. Ion Tiriac, Beckers Manager, verläßt seinen Platz unter den Zuschauern; er mag nicht mehr hinsehen, und er zweifelt. Doch sein Partner beißt sich durch. Nach fünf Stunden und elf Minuten, nach 14:12 im fünften Satz, hebt Boris Becker zum Zeichen seines Sieges matt die Hand. Das Spiel hat länger gedauert als jemals eines zuvor bei den Australian Open, und es wird auch das längste des gesamten Turnierjahres '91 bleiben.

Doch die Anstrengung lohnt sich. Wie jedesmal ist es so, daß ihn erst ein Spiel, in dem fast schon alles verloren war, auf den richtigen Weg bringt. Offensichtlich hilft ihm der Sieg dabei, den eigenen Fähigkeiten wieder zu vertrauen, und die folgenden Partien gegen so gute Gegner wie den Südafrikaner Wayne Ferreira und den Franzosen Guy Forget sind der Beweis dafür. Er beendet sie auf überzeugende Art, jeweils in drei Sätzen.

Soweit ist Becker also nun gekommen, zum erstenmal in

rungen, überschattet wohl auch von den Querelen des Jahres '87, als die Partnerschaft zwischen ihm und Trainer Günther Bosch in einem Hotelzimmer zwischen Tür und Angel zerbrochen war. Und noch nicht einmal die Tatsache, daß er seit Ende '87 mit Bob Brett, einem Australier, zusammenarbeitete, konnte Becker offensichtlich vor überraschenden Abstür-

zen auf diesem Kontinent schützen.

Die Saison '91 läßt sich auch nicht eben großartig an. Beim Turnier in Adelaide verliert er in der ersten Runde gegen den Schweden Magnus Larsson, ebenso ein paar Tage später in einem Schaukampf gegen den 19 Jahre alten Kroaten Goran Ivanisevic.

Die beiden ersten Runden der Australian Open übersteht

seinem Leben steht er im Halbfinale der Australian Open, und daß der Gegner dort Patrick McEnroe heißt, ist zugegebenermaßen eine kleine Hilfe. Der jüngere Bruder des berühmten John, weniger begabt als dieser – was allerdings auf fast alle Tennisspieler der Welt zutrifft –, versucht sich erst zum zweitenmal bei einem Grand-Slam-Turnier. Und als er nun auf dem Centre Court vor vollbesetztem Haus dem dreimaligen Wimbledonsieger gegenübersteht, zittern ihm schon ein wenig die Knie. Er gewinnt den ersten Satz im Tiebreak, doch damit hat es sich; Becker siegt in der Folge souverän.

Am selben Tag unterliegt Stefan Edberg Titelverteidiger Ivan Lendl, und wieder fehlt Becker damit nur noch ein einziger Sieg, um sich den Traum von der Nummer eins zu erfüllen.

■ Ein neues Spiel

Das Finale also wieder gegen Lendl, die 19. Auflage eines Spiels zweier total gegensätzlicher Menschen, deren Altersunterschied von acht Jahren noch am wenigsten ins Gewicht fällt. Hier der talentierte, von Eingebung, Phantasie und fixen Ideen zehrende Becker, von dem jeder weiß,

Nummer eins! Der Sieg im Finale der Australian Open '91 ist wie ein letzter Schritt auf das Dach der Welt.

daß er kein Freund harter Arbeit ist; dort der strebsame, von Entschlossenheit, Ausdauer und Verstand zehrende Lendl, von dem jeder weiß, welchen Wert Leistung in seinem Leben besitzt.

Ivan Lendl legt vor: 1:0, 3:0, 5:0, Becker hält kaum dagegen und bewegt sich mühsam, ungelenk. Er fordert den Masseur an, läßt sich am Rücken behandeln und kann dennoch den Verlust des ersten Satzes mit 1:6 in weniger als einer halben Stunde Spielzeit nicht verhindern.

Doch als es ihm zum Auftakt des zweiten endlich gelingt, einen Breakball seines Gegners abzuwehren, beginnt ein neues Spiel. Nun greift er an mit Mut zum Risiko, kümmert sich nicht mehr um Wehwehchen und schwarze Gedanken und spielt so, wie man es von ihm im Finale eines Grand-Slam-Turniers gewohnt ist. Lendl verliert Schritt für Schritt an Boden und Vorteilen, und bei allem Bemühen kann er Becker nicht mehr gefährden. Den ersten von drei Matchbällen seines Gegners wehrt er ab, beim zweiten ist er machtlos. Mit einer mächtigen Vorhand beendet Boris Becker das Finale der Australian Open '91.

Es ist der letzte Schritt auf den Gipfel seines Mount Everest nach einem Jahre dauernden Aufstieg voller gefährlicher, verwirrender Erlebnisse. Und den ersehnten Ausblick will er mit niemandem teilen. Er springt über eine Reklametafel, verschwindet durch die Tür, rennt durch die scheinbar endlosen Gänge in den Kata-

komben des Flinders Park und steht plötzlich im Freien. Er ist allein und fühlt sich unbeschreiblich gut.

Daß er nach ein paar Minuten in den Bauch des großen Stadions zurückkehren muß, dort den Pokal entgegennimmt und ein paar obligatorische Sätze zum Dank sagt, spielt keine große Rolle mehr. Ebensowenig, daß er nach dem Sieg von Melbourne nur drei

Wochen Erster der Weltrangliste bleibt – und erst recht nicht, daß er ausgerechnet nach der Niederlage im Wimbledon-Finale gegen Michael Stich noch einmal acht Wochen lang die Nummer eins der Tenniswelt wird. Diese Zeit hält keinem Vergleich stand mit einem Augenblick am Nachmittag des 27. Januar 1991. Mit einem Augenblick auf dem Dach der Welt.

Emotionen und viel Geld

Die großen Erfolge im Davis Cup

An einem Wochenende im März 1985 spielen sie Davis Cup in Sindelfingen, erste Runde, Deutschland gegen Spanien.

Es gibt keine Verhandlungen über Logenplätze, keinen Massenandrang nach dem Matchball am Büfett für Meeresfrüchte. Es ist wie in all den Jahren zuvor, als Spiele um den Davis Cup zu den Randnotizen im Kalender des deutschen Sports zählten – als sich der DTB über jede verkaufte Eintrittskarte freute, abseits des Platzes Häppchen und heiße Würstchen angeboten wurden, und auf den Rängen mit wenigen Ausnahmen Zuschauer saßen, die selbst Tennis spielten. Die Beifall spendeten, kenntnisreich und gesittet, aber nie zu heftig. Wer sich nicht für die essentiellen Dinge dieses Spiels begeistern konnte, der fand, das sei alles in allem keine arg aufregende Angelegenheit. Doch nun, im Glaspalast zu Sindelfingen, gibt es zumindest einen Umstand, der ein wenig mehr Interesse als üblich auslöst. Denn zum erstenmal gehört Boris Becker zur deutschen Mannschaft, und er fällt von Anfang an auf. Wie

er diese neue Umgebung sichtlich neugierig mustert, lässig dasteht mit der schwarzen Lederkappe auf seinen roten Haaren und schließlich mit großer Selbstverständlichkeit zu seinem ersten Spiel antritt, das ist man von einem Neuling nicht gewohnt.

Was wissen die Leute von diesem Becker? Manche haben

mitbekommen, daß er im Dezember 1984, kurz nach seinem 17. Geburtstag, bei den Australian Open in Melbourne als Außenseiter bis ins Viertelfinale kam, daß er anschließend auf Platz 65 der Weltrangliste aufrückte und sich damit innerhalb eines Jahres um fast 500 Plätze verbesserte.

Den anderen genügt es, daß der jugendliche Debütant im Sindelfinger Glaspalast spielt, als habe er nur auf eine solche Gelegenheit gewartet. Den Spanier Juan Aguilera, der zu den besten zwanzig der Welt gehört, besiegt er in drei Sätzen, gemeinsam mit Andreas Maurer besiegt er das Doppel Casal/Sanchez, und lediglich am Schlußtag, als der Erfolg seiner Mannschaft bereits feststeht, verliert Becker gegen Sergio Casal.

Man lobt den jungen Mann in den höchsten Tönen. Alle sind zufrieden nach diesem Wochenende im Schwäbischen, das dem deutschen Tennis nach Jahren der Stagnation plötzlich Hoffnung auf Besserung verheißt.

■ Eine Sternschnuppe im Hamburg

Fünf Monate später trifft sich die Mannschaft zur zweiten Runde gegen die USA und siegt erneut; das ist die sachlichste aller möglichen Beschreibungen einiger Tage in Hamburg Anfang August 1985.

Vier Wochen zuvor hat Boris Becker in Wimbledon gewonnen, und beim Davis Cup tritt er nun zum erstenmal wieder in Deutschland an. Tausende in der Hansestadt feiern dieses Ereignis, als lande gerade eine Sternschnuppe vor ihren Füßen. Becker kommt am Flughafen in Hamburg-Fuhlsbüttel an, und hinter den Absperrgittern der Polizei geht es zu, als erscheine der Präsident der Vereinigten Staaten von Amerika. Becker trägt keine Lederkappe mehr, sondern eine dunkle Sonnenbrille, hinter der er seinen Blick versteckt. In jeder Minute findet er seinen Eindruck bestätigt, daß Menschen verrückt spielen, sobald er nur auftaucht. Seit Wochen ist die Anlage am Hamburger Rothenbaum mit ihren rund 10 000 Plätzen bei Preisen bis zu 175 Mark pro Dauerkarte ausverkauft; Schwarzhändler machen prima Geschäfte. Plötzlich überträgt das deutsche Fernsehen, dem die Spiele um den Davis Cup bis dahin gewöhnlich nur Kurzbeiträge wert gewesen sind, die Auslosung aus dem Ballsaal 1 des Hamburger Hotels Interconti. Neben Becker stehen die Kollegen Andreas Maurer, Hansjörg Schwaier und Michael Westphal, doch kaum jemand nimmt sie wahr. Sogar die Medienschaffenden aus den USA sind eher an den neuesten Nachrichten aus dem Hause Becker als an der Form der Herren Teltscher, Krickstein, Flach und Seguso interessiert. An diesem regnerischen Wochenende in Hamburg endet die Phase der beschaulichen Davis-Cup-Treffen im Freundeskreis. Es beginnen Jahre der völlig unromantisch miteinander verbundenen großen Emotionen und großen Einnahmen, und es beginnt eine Zeit, in der Millionen Menschen tags und nächtens mit dem Spieler Becker fiebern, der ihnen immer neue Formen einer großen Show präsentiert.

In Hamburg ist es die Demonstration kaum glaublichen Selbstbewußtseins. Ein erfahrener Spieler wie der Amerikaner Eliot Teltscher, immerhin Zwölfter der Weltrangliste, muß hilflos zusehen, mit welcher Macht und Konzentration der junge Boris Becker Tempo und Taktik des Spiels bestimmt.

Nachdem er sich zuvor angesichts der allgemeinen Hysterie kaum aus dem Hotelzimmer getraut hat, ist es nun, als verschaffe er sich mit krachenden Schlägen Freiheit auf dem Centre Court. Nach wenig mehr als einer Stunde ist Teltscher besiegt.

Zehntausend Menschen in Hamburg und Millionen an den Fernsehschirmen sehen begeistert zu, wie der nimmermüde Hansjörg Schwaier völlig überraschend den Favoriten Aaron Krickstein besiegt, danach mit leiser Lust vom »größten Spiel des Lebens« erzählt und seiner Mannschaft so die Chance zum Sieg beschert.

Nie zuvor ist es auf einem Tennisplatz hierzulande aber so zugegangen wie am folgenden Tag, dem 3. August 1985, als Becker und Andreas Maurer gegen das weltbeste Doppel des Jahres, Ken Flach und Robert Seguso, antreten. Die Zuschauer bejubeln Punktgewinne wie ehedem Uwe Seelers Fallrückzieher, sie fordern immer wieder »Zugabe« wie beim Eishockey, und sie feuern die Spieler an, als wären es 400-m-Läufer auf der Zielgeraden. Der französische Schiedsrichter muß all seinen Charme bemühen und bittet flehentlich, wenigstens während der Ballwechsel Ruhe zu bewahren. Mannschafts-Kapitän Wilhelm Bun-

Hartford, 1987: Sechs Stunden und 39 Minuten dauert das längste Davis-Cup-Spiel aller Zeiten: Am Ende seines Einzels gegen John McEnroe steht Boris Becker zwar auf zittrigen Beinen, aber erneut mit vollen Händen da – und ...

gert, der seine Landsleute bis dahin nur als vornehm-träge Beobachter kannte, wundert sich: »Solche Unterstützung habe ich in Deutschland noch nicht erlebt. Das kenne ich nur aus dem Ausland, aus Spanien oder Indien.«

Daß Ken Flach und Robert Seguso dieses Spektakel in fünf Sätzen schließlich doch gewinnen, ist nicht mehr als eine Verzögerung der Ent-

scheidung. Diese fällt, nachdem Schwaier am Schlußtag gegen Teltscher verliert, auf Beckers Art. Er überläßt Aaron Krickstein in drei Sätzen ganze fünf Spiele, und kurz bevor es dunkel wird am Rothenbaum steht der Sieg der Deutschen gegen die Amerikaner fest.

Es ist der erste in der Geschichte des Davis Cups, und die meisten Tennisfreunde tun sich schwer, das wirklich zu begreifen.

■ Süßer die Kassen nie klingeln

Die Spieler sitzen auf Wolke sieben und ziehen weiter. Vergleichsweise problemlos gestaltet sich das Halbfinale im Oktober in der Frankfurter Festhalle gegen die Tschechoslowakei, abgesehen vielleicht von jenem Freitags-Krimi, den Michael Westphal in fünf Sät-

zen und fünfeinhalb Stunden gegen Tomas Smid gewinnt. Boris Becker hat sich leidlich erholt von der Enttäuschung über die Niederlage im Viertelfinale der US Open; souverän gewinnt er gegen Miloslav Mecir, den schleichenden, listigen Slowaken, und im Doppel mit Maurer besteht keine Gefahr gegen Ivan Lendl und Tomas Smid. Schließlich steht ein 5:0-Sieg als Bilanz zu Buche, und die Tennisprofis aller Länder wunderten sich. Beim

Deutschen Tennis Bund kennen Stolz und freudige Erwartung auf das Endspiel kurz vor Weihnachten gegen den Titelverteidiger Schweden kaum Grenzen. Wer da nicht schon im Oktober die Glöckchen an den Kassen klingen hört, der muß ganz schön taub sein. Alles soll größer, schöner, besser werden als jemals zuvor, denn Tennis in Deutschland, hat Beckers Manager Ion Tiriac erklärt, könne nicht nur aufregend, sondern auch ein gutes Geschäft sein. Als Partner des DTB kümmert sich Tiriac mit Akribie um den Davis Cup, doch mancher gewöhnliche Sportfreund tut sich schwer zu begreifen, warum zum Tennis auf höchstem Niveau zwangsläufig auch Hummer der ersten Handelsklasse in den VIP-Bereichen serviert werden muß.

Boris Becker ist es überhaupt nicht nach Delikatessen zumute, als er in München zum Finale ankommt. Der Frust der Australian Open liegt ihm noch im Magen; in Melbourne hat er schon in der ersten Runde gegen den unbekannten Niederländer Michiel Schapers verloren. Um wieviel besser ist es den Schweden in Australien ergangen: Stefan Edberg vor allem, der seinen ersten Grand-Slam-Titel gewinnt im Endspiel gegen den Titelverteidiger, Mats Wilander.

Doch als das große Spiel in der Münchner Olympiahalle beginnt, begreift Becker, daß er sich keine besseren Gegner wünschen könnte. Beide besiegte er in vier Sätzen, und vor allem gegen Wilander spielt er so gut wie seit Monaten nicht mehr. Diese Siege gegen den Dritten und den Fünften der Weltrangliste seien ihm wichtiger als sein Erfolg von Wimbledon, sagt Becker hinterher zur allgemeinen Verblüffung, denn in München habe er beweisen müssen, was wirklich mit ihm los sei.

Es fehlt nicht viel, und Becker hätte mit der deutschen Mannschaft auch den letzten Coup des Jahres gelandet. Die Entscheidung um den Sieg fällt im letzten Einzel zwischen Stefan Edberg und Michael Westphal. Der sichtlich nervöse Schwede läßt sich von seinem kompromißlos spielenden Gegner zu Beginn völlig aus dem Konzept bringen. Doch als Edberg seine Fassung wiedergewinnt, ist

... zwei Tage später verhindert Beckers Sieg gegen Tim Mayotte endgültig den Abstieg.

es um die Westphals geschehen, und so endet das Endspiel mit einem 3:2-Sieg der Titelverteidiger gegen die Außenseiter. Bevor der Präsident des Internationalen Tennis-Verbandes, Philippe Chatrier, die Schweden beschert und ihnen den Davis Cup überreicht, tätschelt Becker den mächtigen Silberpokal und lächelt versonnen. Zum Ende seines ersten großen Jahres gibt er sich mit einer Berührung zufrieden.

■ Katzenjammer

Wie es ist, im Davis Cup nicht den Vorteil eines Heimspiels zu besitzen, das erfährt Becker ein Vierteljahr später auf recht direkte Art. Im Frühjahr '86 tritt die deutsche Mannschaft zur ersten Runde in Mexiko City an und erlebt dort in mancherlei Hinsicht ein paar hitzige Tage. Die mexikanischen Zuschauer trommeln, pfeifen, johlen und singen. Verglichen mit ihnen sind die

Fans in Hamburg, Frankfurt und München die reinsten Chorknaben. Becker können sie nichts anhaben, der gewinnt seine beiden Einzel souverän, doch Michael Westphal läßt sich unter diesen Bedingungen den Schneid abkaufen. Die Entscheidung fällt im Doppel, und als es die Deutschen verloren haben, glauben alle zu wissen, daß Andreas Maurer doch nicht der richtige Partner für einen Wimbledonsieger sei. Die Finalisten des Vorjahres fliegen heim und pflegen ihren Katzenjammer. Für Maurer und Westphal ist es der letzte Flug mit diesem Team.

■ Problemkind Becker

Im Oktober geben sich die Deutschen keine Blöße beim Abstiegsspiel gegen Ecuador. Der Neusser Eric Jelen rückt zum zweiten Mann hinter Becker auf; sie siegen getrennt und gemeinsam im Doppel, und so gibt sich

Teamchef Niki Pilic der Hoffnung hin, mit diesem Duo werde es nach dem Rückschlag des Jahres '86 bald wieder aufwärts gehen. Denkste. Denn nun ist Becker das Problemkind. Der hat die Trennung von seinem Trainer Günther Bosch im Januar '87 bei den Australian Open noch nicht einmal annähernd überwunden, als die deutsche Mannschaft im Frühjahr in Barcelona gegen Spanien antreten muß. Um diese Jahreszeit auf Sand zu spielen kostet Becker einige Überwindung, und um seine körperliche wie geistige Verfassung steht es nicht zum besten. Mühsam gewinnt er sein erstes Einzel gegen Emilio Sanchez, ein wenig überzeugender das Doppel mit Jelen gegen Sanchez/Casal. Doch im abschließenden Spiel gegen Sergio Casal fällt Beckers notdürftig aufgebautes Gerüst der Selbstsicherheit mit lautem Getöse zusammen. Er lamentiert und schimpft und mag sich nicht abfinden mit der Differenz zwischen dem, was er zu leisten imstande ist, und dem, was er davon an diesem Tag im königlichen Club zu Barcelona zeigt. Er resigniert, lange bevor das Spiel zu Ende ist, und verliert fast ohne Gegenwehr. Nichts nimmt Becker schließlich mehr davon wahr, wie die Katalanen den Triumphator Sergio Casal, den Vater des Sieges gegen die deutsche Mannschaft, begeistert hochleben lassen. Bis heute ist Casal der einzige, gegen den Becker im Einzel eines Davis-Cup-Spiels jemals verlor.

■ Hartford 1987

Wieder müssen die Deutschen in die Abstiegsrunde. Ist die Tatsache an sich schon unerfreulich genug – es kommt noch schlimmer. Denn Gegner im entscheidenden Spiel sind die Amerikaner, die ihre Erstrunden-Partie in Paraguay verloren haben. Man trifft sich Ende Juli in Hartford, Connecticut, in der Stadt der Versicherungen, und nicht nur wegen der schwülen Hitze herrscht schon vor dem ersten Ballwechsel eine Atmosphäre wie im Treibhaus. Boris Becker ist seit Wochen gereizt, die Niederlage in Wimbledon gegen Peter Doohan hat ihm mächtig zugesetzt; John McEnroe ist seit Monaten ebenfalls gereizt, nach einer halbjährigen Babypause im Jahr '86 hat er nicht wieder Tritt gefaßt und seit langer Zeit kein Turnier mehr gewonnen. Das Duell des Wimbledonsiegers der Jahre 85/86 gegen den der Jahre 81/83/84 – das ist es, worauf alle warten.

Als Becker und McEnroe den Platz im Civic Center zu Hartford betreten, liegen die Deutschen zu ihrer eigenen Überraschung 1:0 in Führung, denn Eric Jelen hat Tim Mayotte in einem seiner besten Spiele besiegt. Dann beginnen Becker und McEnroe, und je länger die Partie dauert, desto unfaßbarer werden die Ereignisse. Das soll der frustrierte McEnroe sein, von dem viele glauben, er werde die Bühne des Tennis bald verlassen? Und auf der ande-

ren Seite Becker in der Krise, auf halbem Weg zwischen jugendlichem Ungestüm und erster heftiger Verzweiflung? Nein, da sind Besessenheit, Angriffslust und Genialität auf der einen, zwingende Wucht und der Wille, unter allen Umständen kühlen Kopf zu bewahren, auf der anderen Seite. Sechs Stunden und 39 Minuten währt die Faszination des längsten Davis-Cup-Spiels aller Zeiten, und als es vorüber ist, lassen die erschöpften Helden ein Publikum zurück, das selbst einige Zeit braucht, um sich von diesem Schauspiel zu erholen. Daß Boris Becker erst zwei Tage später den Abstieg endgültig verhindert, als er auch Tim Mayotte in einem grenzenlos nervenaufreibenden Fünfsatz-Spiel besiegt, gerät beinahe in Vergessenheit. Doch das mußte so kommen, denn gegen das, was Becker und McEnroe an einem heißen Wochenende, dem letzten im Juli '87, zeigten, sind andere Spiele fast zu normal, um sich ihrer zu erinnern. Am Ende steht Becker auf zittrigen Beinen, aber wieder mit vollen Händen da. So, als habe es niemals Zweifel an ihm gegeben.

■ Göteborg 1988

Die Bilder aus Hartford überlagern selbst einen Teil des erfolgreichen Weges der deutschen Mannschaft im folgenden Jahr. Jeweils 5:0 gewinnen Becker und die Seinen in Folge gegen Brasilien, Dänemark und Jugoslawien, und die neu formierte Mannschaft, zu der nun neben Jelen auch Carl-Uwe Steeb und Patrik Kühnen gehören, erreicht nach zweijährigem Auf und Ab erneut das Finale. Wieder heißt der Gegner Schweden, gespielt wird im Dezember in Göteborg, und bei aller Wertschätzung für das glänzende Verständnis im deutschen Team gelten die Schweden als klare Favoriten. Mats Wilander ist seit seinem Sieg bei den US Open im September Erster der Weltrangliste, Stefan Edberg hat Boris Becker in jenem Jahr im Finale von Wimbledon besiegt, und das Doppel Edberg/Jarryd zählt zu den besten der Welt.

keit, das sind gewöhnlich Wilanders Stärken, doch an diesem Tag ist er Steeb in nichts überlegen. Kühnen und Jelen halten die Luft an in der deutschen Box, als Freund »Charly« nach fünf Stunden Wilanders Matchball abwehrt, als er den Return unerreichbar ins Spielfeld des Schweden drischt, und der Ball nur Millimeter vor der Grundlinie landet. Ein paar Minuten später ist die Sensation perfekt, und der sonst so bedächtige Schwabe Steeb freut sich ausgelassen wie ein Schuljunge.
Die Welle der Begeisterung über diesen Coup schwappt auch in die Kabine zu Boris

weniger als zwei Stunden. Am Tag darauf melden sich die Schweden zurück. Edberg und Anders Jarryd sind auf dem besten Weg zu einem klaren Sieg im Doppel, als sich die Dinge nach zweieinhalb Sätzen auf völlig unerklärliche Weise plötzlich wenden. Jarryd, bis dahin bester Mann der Partie, bringt kein Aufschlagspiel mehr durch, Becker und Jelen kommen sich mit jedem Fehler der Schweden ein Stückchen

Doch auf dem roten Sand, den sie im Scandinavium zu Göteborg aufgeschüttet und planiert haben, tun sich unglaubliche Dinge. Carl-Uwe Steeb, 74. der Weltrangliste, leistet Mats Wilander gleich im ersten Einzel auf eine Art Widerstand, die staunen macht. Geduld, Zähigkeit, Schnellig-

Becker, der sich auf sein Einzel gegen Edberg vorbereitet. Er nimmt das gute Gefühl mit, als er auf den Platz geht, und dann spielt er so überzeugend wie selten zuvor auf dem ungeliebten roten Sand. Edberg, geschockt auch von Wilanders Niederlage, weiß sich nicht zu helfen und verliert in

näher und ergänzen sich schließlich so traumwandlerisch selbstverständlich, wie das in einem guten Doppel sein soll. Teamchef Niki Pilic wirkt wieder wie ein Magenkranker auf seinem Stuhl, und er windet sich, als Eric Jelen an diesem 19. Dezember zum Matchball für die Deutschen und damit zum entscheidenden Punkt in diesem Endspiel aufschlägt.

Der erste Versuch landet im Netz, und Pilic schließt noch

Göteborg, 1988: Erstmals in der Geschichte gewinnt eine deutsche Mannschaft den Davis Cup.

einmal für ein paar Sekunden die Augen. Jelens zweiter Aufschlag landet im Feld, der Return der Schweden verunglückt, und Boris Becker vollendet das Werk mit einem leichten Rückhand-Volley.

Die Uhr zeigt 17.18 Uhr, als Becker, Jelen, Steeb, Kühnen und Pilic sich umarmen, hüpfen, lachen und eine Pyramide der Freude bauen. Zum erstenmal in der Geschichte des Davis Cup steht eine deutsche Mannschaft als Sieger da.

■ Wo der Traum beginnt

Es ist die Zeit, in der die Begeisterung der Fans wie ein Thermometer bei plötzlicher Hitze steigt, sobald Boris Becker und die drei Freunde auftreten, und manchmal scheint es, als nähmen die

Aufregungen kein Ende mehr. Ende Juli 1989 kommen die Amerikaner zum Halbfinale in die Münchner Olympiahalle, ohne John McEnroe, dafür aber mit ihrem 19 Jahre alten neuen Star: Andre Agassi. Becker, der zu Beginn des Monats seinen dritten Titel in Wimbledon gewonnen hat, gilt als Favorit gegen den Jungen aus Las Vegas, den viele mögen, weil er mit seiner Zottelmähne und in seinen grellbunten Klamotten im Kreise seiner Kollegen auffällt wie ein Pfau unter Schwänen.

An einem Freitagabend um fünf vor acht beginnt eine denkwürdige Aufführung. Sie endet Samstagnachmittag um fünf vor drei. In den Stunden dazwischen spielt Boris Becker gegen Agassi, schläft, steht auf und spielt wieder gegen Andre Agassi. Doch wo die Wirklichkeit endet und der Traum beginnt, vermag niemand mehr zu sagen. Die Begeisterung über die insgesamt vier Stunden und 26 Minuten dauernde Partie ist ungeteilt

und läßt nur einen einzigen Vergleich zu: den Klassiker von Hartford zwischen Becker und McEnroe.

Wie Agassi Beckers Aufschläge returniert, abgesehen von jenen 27, die er nicht erreicht, macht die Zuschauer sprachlos. Agassi treibt Becker an den Rand der Niederlage; zwei Sätze hat er schon gewonnen, als er im dritten zum Matchgewinn aufschlägt. Doch Becker stoppt ihn mit einem Schwall von Perfektion und Leidenschaft, gewinnt die wichtigsten Punkte der gesamten Partie, diesen Satz und auch den nächsten, ehe das Spiel um kurz vor Mitternacht abgebrochen wird und seine Darsteller in eine schwüle Nacht entläßt.

Am Tag darauf vollendet Becker den Sieg in fünf Sätzen, ertrinkt danach fast in Lobeshymnen und steht zwei Stunden später wieder auf dem Platz. Als gäbe es nichts, was ihn nun noch bremsen könne, gewinnt er mit Jelens großer Hilfe auch das Doppel

gegen die alten Bekannten Flach/Seguso. Am Schlußtag tritt Becker nicht mehr an; die Kraft des Champions ist erschöpft. Mit großer Erleichterung sieht er zu, wie Carl-Uwe Steeb den ebenfalls unendlich müden Agassi besiegt und die Partie mit dem dritten Sieg zugunsten der Deutschen entscheidet.

■ Sternstunden des Tennis in Stuttgart 1989

Zum Finale in Stuttgart kommen wieder die Schweden. Doch diesmal ist alles ganz anders als im Jahr zuvor in Göteborg. Beckers Stern leuchtet heller denn je, nachdem er im September auch die US Open gewonnen hat, Steeb ist stark verbessert und hat sich auf Platz 15 der Weltrangliste geschoben. Auf der anderen Seite steht Wilander, von dem kaum jemand weiß, was er noch zu leisten imstande ist, nachdem seinem Rausch als Erster der Weltrangliste ein dauerhaft schwerer Kater folgte.

Doch es kommt gar nicht darauf an, wie gut die anderen sind, denn Boris Becker schenkt sich und den Fans an diesem Wochenende Sternstunden des Tennis. Die Art, wie er zuerst Edberg in drei Sätzen besiegt und später auch Wilander, wie er das Geschehen im Doppel bestimmt und Eric Jelen auf nie geahnte Höhen lockt, dafür findet man viele Beschreibungen. Bedürfte es eines einzigen Wortes, wäre es dieses: unwiderstehlich. Es mag Zufall sein, daß die

Deutschen später bei der Siegesfeier ein anderes Lied singen als im Jahr zuvor. In Göteborg hieß es: »We are the champions«, in Stuttgart grölen sie: »You're simply the best.« Der Beste ist: Boris Becker.

■ Zwischen Sonne und Mond

Der Rest verblaßt vor diesem Hintergrund. Im Jahr darauf macht der Held Pause; erst

Stuttgart, 1989:
Boris Beckers
Stern leuchtet
heller denn je
zuvor.

viel später sagt er, er habe den Rummel, die grenzenlose Geschäftemacherei und nationale Hysterie am Rande des Davis Cups nicht mehr ertragen können. 1991 kehrt er dennoch zurück, als Erster der Weltrangliste und hungrig auf das bekannte Gemeinschaftserlebnis. Becker trägt seinen Teil zu Siegen gegen Italien und Argentinien bei, fehlt aber verletzt bei der Niederlage im Halbfinale in Kansas City gegen die Amerikaner. '92 kann er trotz einer Energieleistung in der Hitze von Rio de Janeiro die Niederlage seines Teams nicht verhindern, das schließlich erst wie 1986 und 1987 – diesmal

allerdings in einem undramatischen Spiel gegen Belgien – gegen den Abstieg spielt und gewinnt.

Als Beckers Nachfolger Michael Stich, Marc-Kevin Goellner sowie die alten Freunde Kühnen und Steeb im Dezember '93 im Finale von Düsseldorf die Australier besiegen und die Deutschen damit zum drittenmal den Davis Cup gewinnen, sitzt Becker in München auf der Tribüne des Olympiastadions und sieht sich ein Fußballspiel an.

Die Entfernung zwischen München und Düsseldorf scheint an diesem Tag so groß zu sein wie die zwischen Sonne und Mond.

Danach habe ich doch immer gesucht

Eltern, Trainer, Manager; Mädchen, Frauen, Familie

Gewöhnlich trägt der Mensch die ersten ernsthaften Konflikte mit seinen Eltern aus. Er setzt seine Meinung durch, erkämpft sich ein Stückchen Freiheit und schlägt mit lautem Knall Türen hinter sich zu. Rumms, und der Rest geht euch nichts an. Der junge Becker wird außer Haus erwachsen, und da ist alles ein wenig anders. Er hat nicht nur besorgte Eltern, sondern auch zwei Ersatzväter, die sich ohne Unterlaß bemü-

Man ist dabei, oder man geht unter: Wilhelm Bungert (links), Ion Tiriac (oben Mitte) und Axel Meyer-Wölden (oben rechts).

hen, ihn nach dem Matchball auch in die Lehre des Lebens zu nehmen. In diesen Stunden geht es um die großen Fragen nach Arm und Reich – aber auch darum, wie der Mann von Welt den Krawattenknoten bindet.

■ Meine besten Freunde

Wie es dabei zugeht, kann sich jeder vorstellen, der die Ersatzväter kennt. Da ist Günther Bosch, »der Herr Bundestrainer«, Ende dreißig, ein sensibler Pedant, an dessen Art er sich erst einmal gewöhnen muß. Und da ist Ion Tiriac, in allem das Gegenteil des Trainers Bosch, ein Mann, der so tut, als regiere er die Welt, und der sorgsam darauf achtet, seinen Ruf als kühl handelnder Geschäftsmann zu wahren.

Der Herr Bosch denkt von morgens bis abends nach und weiß viele kluge Dinge. Doch mit dem gleichen bedächtigen Tonfall, in dem er den Lauf der Sterne erklärt, sagt er auch: »Booriiss, ich glaube es ist zu kalt heute. Du solltest einen Pullover anziehen.«

Mit solchen Sätzen kann der Junge nichts anfangen. Er ist störrisch und schwer zu überzeugen, und er liebt Spiel-

Boris Becker mit Günther Bosch, Vater Becker und Ion Tiriac (von links nach rechts).

chen. Soll er zehnmal über einen Baumstamm springen, sagt er: »Nein. Spring du erst zehnmal, dann spring ich 20-mal.« Immer will er, daß der andere mitmacht, ihn anstachelt zur Leistung. Danach ist auch er bereit.

Sie leben enger zusammen, als dies Eltern und Teenager tun; Teenager gehen zur Schule und treffen Freunde, Becker trainiert mit Bosch. Sie essen, reisen und reden miteinander, und oft glaubt der eine zu wissen, was der andere gerade denkt. Sie kommen ganz gut aus, ja, sie mögen sich auch, doch dann entdeckt der Junge seine Macht. Er gewinnt das berühmteste Tennisturnier der Welt, und nach kaum einer Woche hat er begriffen, daß *er* nun derjenige ist, um den sich alles dreht. Er testet, was er sich erlauben kann in dieser Partnerschaft, ist manchmal unverschämt und launisch, dann wieder nett und zutraulich. Fragt man ihn in dieser Zeit nach seinem Verhältnis zu seinem Trainer und dem Manager, dann antwortet er: »Das sind doch meine besten Freunde, ob ich gewinne oder verliere.«

Er ist 18, als er in Monte Carlo Benedicte Courtain kennenlernt, und sie bleiben fast zwei Jahre lang zusammen. Bosch merkt, wie sich die Dinge verändern, aber am Anfang ist er entschlossen, seinen Teil auch unter veränderten Bedingungen beizutragen. Beispielsweise deckt er Becker, als der, unmittelbar bevor das Wimbledonturnier '86 beginnt, heimlich übers Wochenende nach Monaco fliegt, um dort die Freundin zu treffen – einen mordsmäßigen Streit mit Tiriac nimmt Bosch dafür in Kauf. Der Manager tobt im Fahrstuhl und brüllt den Trainer an: »Wenn Boris jetzt Wimbledon verliert, dann bist nur du schuld. Dann mußt du bezahlen.«

Es wird kompliziert. Freundin und Manager sagen, Bosch hätte zu großen Einfluß, Bosch will sich nicht zurückziehen, weil es seiner Vorstellung einer sinnvollen, anständigen Betreuung widerspricht. Becker steht mittendrin, fühlt sich beobachtet, eingesperrt und sagt: »Ich weiß nicht, wie lange ich es noch so aushalten kann.« Er will sich Freiraum schaffen und schlägt vor, allein mit Benedicte zu den Frühjahrsturnieren '87 nach Amerika zu fliegen. Ohne Bosch. »Mach den schönsten Urlaub mit deiner Frau«, schlägt Becker vor, »ich bezahl' ihn dir.« Der Trainer meint, das komme überhaupt nicht in Frage. Sie werden sich nicht einig.

Als Becker nach einer entsetzlichen Vorstellung in der dritten Runde der Australian Open gegen Wally Masur verliert, ist die Entscheidung fällig. In einem Hotelzimmer hoch über den Dächern Melbournes endet die Beziehung zwischen einem jungen Mann und seinem väterlichen Freund.

Bosch erinnert sich: »Ich habe ihm ein paar Stunden Zeit zum Überlegen gegeben. Abends um acht bin ich auf sein Zimmer gegangen und habe gefragt: ›Boris, wie sieht's aus?‹ Er antwortet: ›Nee, nee. Ich fliege allein mit Benedicte nach Amerika.‹ Und ich sagte: ›Boris, es tut mir leid, also dann müssen wir uns trennen. Tschüs.‹«

Tiriacs Vermittlungsversuche nützen nichts, Bosch schließt die Tür hinter sich und geht. Becker ist schockiert und zutiefst verletzt. »Wir waren beide dickschädelig«, sagt Bosch. Vorsichtig ausgedrückt.

Die Wege des Spielers und des Trainers, der anschließend auch als Kommentator und Kolumnist arbeitet, kreuzen sich in den folgenden Jahren zwangsläufig immer wieder, auch in Monte Carlo, wo sie eine Zeitlang in einem Apartmenthaus Tür an Tür wohnen. Der eine schaut weg, wenn er den anderen kommen sieht beim Einkauf im Supermarkt; man versteckt sich hinter Regalen mit Brot und Konservenbüchsen. Auch Jahre später noch findet Becker Gründe, warum er mit diesem Mann, der ihn enttäuscht hat, nichts mehr zu tun haben will. Die Art der Trennung verzeiht er ihm nicht und noch weniger, daß der andere immer noch so tut, er wüßte er über ihn Bescheid.

Die Scheidung im Januar '87 rückt ihn für ein paar Monate näher an Tiriac, der nun auch die Aufgaben des Coaches übernimmt. Becker ist nicht glücklich mit dieser Situation, denn Tiriac ist in erster Linie für seine Verträge und Finanzen zuständig und hat eigentlich gar keine Zeit, auch noch mit ihm zu trainieren. Doch je lauter die Kritik an seinen Leistungen und die Fragen nach

einem neuen Trainer werden, desto trotziger verteidigt Becker den Manager.

Der kann die Trainingshose aus- und den Maßanzug wieder anziehen, als der neue Mann gefunden ist. Ende '87 wird die Verpflichtung des Australiers Bob Brett bekanntgegeben, und fortan ist die Zeit der ausführlichen Kommentare vorbei. Brett, ein intelligenter, analytisch denkender Mensch mit klaren Prinzipien, hält sich eisern an die von Becker vorgegebene These: »Ich brauche keinen Pressesprecher, ich brauche einen Coach.« Brett ist ein aufmerksamer Gesprächspartner und höflich obendrein, doch kommt die Rede auf Eigenheiten oder Arbeitsmoral seines Auftraggebers, schüttelt er den Kopf, lächelt und sagt: »No comment.«

Seine Leistung spricht für sich. Während der Arbeit mit Brett spielt Becker vor allem 1989 wahres Traumtennis und wird schließlich im Januar '91 in Australien Erster der Weltrangliste. Und wer Brett bis dahin für einen vergleichsweise emotionslosen Menschen gehalten hat, der sieht verwundert, wie sich der Coach eine Träne aus den Augenwinkeln wischt, als Becker den Matchball gegen Ivan Lendl verwandelt.

◼ Ein frischer Wind

Während seiner Zeit mit Brett lernt Becker in Hamburg beim Turnier am Rothenbaum die Studentin Karen Schultz kennen. Knapp drei Jahre lang ist sie seine Liebe, und manchmal sieht es so aus, als sei da jemand erschienen, der in seinem Haus alle Fenster öffnet und frische Luft hereinläßt. Für die Öffentlichkeit ist »sie« die linke Studentin, die »ihn« an die Hand nimmt und zu den Hausbesetzern in die Hafenstraße führt. Dabei genügt ja schon die einfache Wahrheit, daß er an der Seite dieser Frau offener wird, sich nicht mehr versteckt und ein bißchen vom ganz normalen Leben junger Leute kennenlernt.

Karen Schultz und Bob Brett stehen sich hinter Becker nicht im Wege wie Bosch und Benedicte, doch beide verliert er innerhalb weniger Monate. Im Februar '91 kommt heraus, daß Brett seinen Vertrag nicht verlängert. Becker läßt mitteilen: »Ich bin Bob sehr dankbar für seine Bemühungen und seine Hilfe, die er mir und meinem Spiel gewidmet hat.« Brett läßt mitteilen: »Ich hatte das außergewöhnliche Vergnügen, mit einem der besten Tennisspieler, die ich je getroffen habe, zusammenzuarbeiten. Ich bin sicher, daß Boris einer der besten Spieler aller Zeiten sein wird.«

Bei allem Bemühen kann Brett nicht gegen die Vermutungen anreden, er sei es leid, länger den Babysitter zu spielen. Wieviel Anstrengung es ihn gekostet hat, seine Vorstellungen von Disziplin und Intensität in der Arbeit mit Becker umzusetzen, verrät er niemandem.

◼ Süchtig nach Leben

Bretts Nachfolger, wenigstens für ein paar Monate, wird Niki Pilic, Teamchef der deutschen Davis-Cup-Mannschaft. Becker und Pilic kennen sich lange genug und sehen sich oft in München, wo Becker zeitweise lebt. Pilic sieht seinen Einsatz als Freundschaftsdienst für einen jungen Mann, der ihm die schönsten Momente seiner Zeit als Coach beschert hat. Doch

85

Ein frischer Wind in Beckers Leben: Knapp drei Jahre lang war Karen Schultz seine große Liebe.

»Der Tennis-
schläger hat
mich zu dem
gemacht, was
ich bin, was ich
denke. Er ist
mein Freund.«

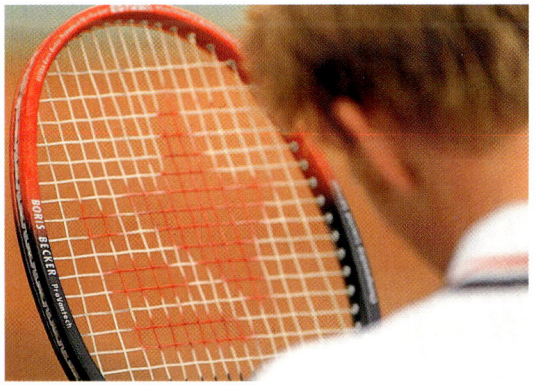

Michael Stich besiegt Boris Becker in Wimbledon 1991: Wo ist hier der Himmel über der grünen Wüste? Kann das wirklich wahr sein?

Die »Traumhochzeit
des Jahres«: Am
17. Dezember 1993
geben sich »Babs
und Boris« das Ja-
wort – und alle
Welt erwartet ein
freudiges Ereignis.

beide merken sehr schnell,
daß sie auf Dauer nicht miteinander auskommen; der
»Preuße vom Balkan« und
Becker, der auf Entdeckungs-
tour ist und dabei herausge-
funden hat: »Ich bin süchtig
nach dem Leben.«
Welchen Trainer sucht Becker
denn überhaupt? »Die Schläge braucht er mir nicht beizu-
bringen, die kann ich selber.
Ich brauche eher jemanden,
der mich in Gang hält.«

Der nächste Animateur, Ent-
schuldigung, der nächste
Coach ist Mitte 30 Jahre alt
und wieder ein alter Bekannter: Tomas Smid aus Prag,
einst Elfter der Weltrangliste,
ein großartiger Doppelspieler
und ein ebenso intimer Kenner
des internationalen Tenniszirkus. Die zwei haben schon
gegeneinander gespielt, und
nun versucht Smid sein Glück
als Partner.
Doch der Erfolg läßt zu wünschen übrig. Nach gut einem
Jahr findet Becker, es sei genug; nach einer Pleite in
Queens trennt er sich von
Smid. Dem bescheinigt er einerseits, er sei noch mit ihm
befreundet, klagt aber andererseits: »Ich habe mich in den

vergangenen zwölf Monaten
nicht so verbessert wie er-
hofft. Es fehlte an der richtigen
Einstellung durch den Trainer.«
Smid folgt der Österreicher
Günther Bresnik, ein Dreivier-
teljahr später ist es Eric Jelen,
der – wie einst Pilic – einen
Freundschaftsdienst über-
nimmt. Doch ausgerechnet
Jelen wird zum Beispiel dafür,
daß es mit der Freundschaft in
diesem Gewerbe vielleicht
doch nicht so weit her ist,
wenn sich jemand in einer
derart exponierten Stellung
befindet wie Becker. »Der Vorteil vom Eric ist halt, daß er
mich seit 15 Jahren kennt und
weiß, wie ich mich verhalte«,
sagt er. Er weiß, daß er sich
auf die Loyalität seines Part-

ners verlassen kann. Doch noch nicht einmal diese profunde Kenntnis bewahrt Jelen davor, an einem Dezembertag '93 verwundert festzustellen, daß der Partner mit einem anderen Coach, dem Amerikaner Nick Bollettieri, trainiert und er nun überflüssig ist.

So geht auch Jelen. Er tut es leise, wenn auch grummelnd. Mit lautem Getöse vollzieht sich dagegen die Trennung von Becker und Ion Tiriac. Seit langem vertraue er seinem Manager nicht mehr, sagt Becker, und er habe auf den passenden Moment gewartet, um die Beziehung auch offiziell zu beenden. Keine Frage, daß es der Manager in all den Jahren nicht versteht, wieviel Geld Becker zum Fenster hinauswirft, indem er lukrative Verträge ablehnt und dabei nach dem Prinzip von Lust und Laune vorgeht. Keine Frage aber auch, daß Becker diesen Mann mit der Zeit immer weniger verstanden hat, dessen zynische Ansichten und das Credo, mit Geld sei jeder zu kaufen. Tiriacs Nachfolger wird der Münchner Anwalt Axel Meyer-Wölden.

■ Im siebten Himmel

Im ganzen Jahr '93 nur zwei Turniersiege, den Freund entlassen, den Manager rausgeschmissen, alles nur bedingt der Rede wert. Es gibt Wichtigeres im Leben. Am späten Nachmittag des 17. Dezember heiratet Becker in Leimen seine Verlobte Barbara Feltus, und die Trauung nimmt ein alter Bekannter vor, der Bürger-

meister Ehrbar. Es regnet daheim im Badischen, und einer großangelegten Verwirrungsaktion zum Trotz drängeln Fotografen und Reporter vor der Tür des Beckerschen Hauses. Doch darauf kommt es nicht mehr an.

Am Abend zieht die Hochzeitsgesellschaft – darunter

Oben: Bei den Australian Open 1994 ist Boris Becker diesmal »verhindert«. Rechte Seite: Eine Geburt als Medienereignis.

als Trauzeugen die langjährigen Freunde Carlo Thränhardt und der Münchner »Doc«, Hans-Wilhelm Müller-Wohlfahrt – ins Schloßhotel Bühlerhöhe zur Feier. Es wird ein schönes Fest. Wie lange Becker schon im siebten Himmel schwebt, ist schwer zu sagen; manchmal kommt es ihm vor, als sei es vom ersten Tag an so gewesen.

Im Oktober 1991 hat er die Münchner Schauspielerin Barbara Feltus in einer Schwabinger Kneipe kennengelernt, und schon am nächsten Tag

sagt er im Flugzeug zu seinem Masseur Waldemar Kliesing: »Waldi, weißt du was? Ich habe gestern nacht meine Traumfrau getroffen.«

Die Traumfrau ist dabei, als er zur Jahreswende zu den Australian Open '92 nach Melbourne fliegt. Sie zeigen sich dort erstmals öffentlich als Paar, und der Rummel ist wie erwartet groß. Er hat sie gewarnt, hat gesagt: »Wenn du jetzt mitkommst, dann wird sich dein Leben um 180 Grad verändern. Es wird nie wieder sein, wie es bis jetzt war.«

Sie denkt, wenn schon, so schlimm wird es ja nicht werden, und ist dann doch verblüfft und manchmal verwirrt, was es bedeutet, mit einem derart berühmten Menschen zusammenzusein. Doch sie ist ein ansteckend positiver, aktiver Mensch, und sie wehrt sich.

Allen Verrücktheiten und manch unsäglicher Geschichte in der Boulevardpresse und den bunten Blättern zum Trotz ist es eine höchst romantische Beziehung, fast wie im Film; er trifft sie, sie trifft ihn, beide trifft der Schlag – große Liebe, Kuß und Ring. Im Frühjahr '93 feiern sie Verlobung, im Dezember ist Hochzeit, und am 18. Januar 1994 wird Noah Gabriel Becker, das Wunschkind, geboren. »Ich bin glücklich«, meint der Vater danach, »ich liebe meine Frau und meinen Beruf. Zum ersten Mal spüre ich, daß ich eine Festung habe, in die ich zurückgehen kann, wenn alles in die Brüche gehen sollte. Danach habe ich doch immer gesucht.«

Nehmt mich so, wie ich bin

»Ich bewege mich oft am Abgrund, aber nur, um runterzugucken«

Jetzt spiele ich schon ein gutes Jahr mit und komme eigentlich mit jedem Spieler gut zurecht. Jetzt ist es kein Unterschied mehr, ob ich 17 und ganz neu oder 25 bin.

Ich glaube, daß man den Eltern zu nichts verpflichtet ist. Das sind meine Eltern, bis ich sterbe. Ohne sie wäre ich nicht auf der Welt, ihnen kann ich nichts schulden. (Der Spiegel, Mai 1985)

Daß der Björn Borg fünfmal Wimbledon gewonnen hat, das weiß ich. Aber nun ich, ausgerechnet ich! Mir erscheint das heute unheimlicher als unmittelbar nach meinem Sieg. (Stern, August 1985)

Alle Welt denkt, ich müßte etwas Besonderes haben. Das meine ich eben nicht. Ich fühle mich wohl, wenn ich mit den anderen Spielern frühstücken oder über ihr letztes Spiel reden kann. Ich bin nicht so gern isoliert. (Der Spiegel, September 1986)

Tennisspieler sind Schauspieler. Der eine hat genauso viel Angst wie der andere. Es ist die Kunst, das zu vertuschen.

Ich bin in eine Männerwelt reingewachsen, wo es keinen Platz für Jugend gibt. Entweder man ist dabei oder man geht unter. (Stern, November 1986)

Ich hatte in New York schlaflose Nächte. Ich habe gebetet, bitte lieber Gott, gib mir meinen Aufschlag zurück, ich mache ja auch alles, was du willst. (Deutsche Presse Agentur, November 1987)

Ich habe mich gefragt, ob meine ganze Karriere mit den zwei Wimbledonsiegen nur ein Traum war, was für ein Mensch ich geworden bin, was für einen Charakter ich habe. Und ich bin zu der Erkenntnis gekommen, daß ich das, was ich mache, wirklich liebe und daß ich ja insgesamt im Leben unheimliches Glück gehabt habe. (Stern, Mai 1988)

Ich bin jemand, der anderen ins Gesicht sagt, wie gut oder schlecht sie sind. Ich warte nicht gern, bis er's hintenrum rauskriegt. Ich spiele so, wie ich bin. (Der Spiegel, Juni 1988)

Tennis ist ja der Ur-Kampf überhaupt. Mann gegen Mann, nur haben wir statt Pistolen und Kugeln Schläger und Bälle. Die Frage, auf die sich alles reduziert, ist die, wie locker der Geist ist und damit der Arm. (Stern, November 1989)

Der Tennisschläger hat mich zu dem gemacht, was ich bin, was ich denke. Er ist mein Freund.

Ich habe noch nie mit Psychologen gearbeitet. Ich habe mich immer auf mich verlassen, auf mein Inneres gehört.

Ich kann die Welt nicht verändern, aber ich kann meine Welt ändern. Und vielleicht ändere ich noch zwei, drei andere Leute, und das ist schon ein Erfolg. (SPORTS, Dezember 1989)

Natürlich, ich verdanke meiner Lebensweise, meinen Disco-Nächten und meiner Freundschaft mit Carlo Thränhardt tatsächlich die eine oder andere Niederlage.
Aber das ist mir die Sache absolut wert.

Ein Spieler, der im Leben ein Eckensteher ist, von dem wird man auch im Stadion keinen offensiven Fight erleben.

Meist sind die Euphorie und der leere Raum nur Sekunden voneinander entfernt. (Stern, Oktober 1990)

Im ersten Moment war es ein Schock. Zwei Tage später bin ich bei Freunden aufgewacht, morgens durch die Stadt gelaufen – da habe ich die Zeitungen gesehen: Wimbledonsieger Michael Stich stand da drinnen. Da habe ich ernsthaft überlegt, ob das überhaupt stimmt. (Kicker, November 1991)

Wenn ich 34 bin, Frau, zwei Kinder, Haarausfall habe, dann würde es mich interessieren, ob ich immer noch für jedermann der Boris bin. (ZEIT-Magazin, Juli 1992)

Ich benutze Tennis für mein Leben, ich mache durch die extremen Erlebnisse auf dem Platz Erfahrungen, die für mich als Mensch wichtig sind. Aber ich lebe nicht, um Tennis zu spielen. (Stern, Juli 1992)

Ich weiß, wenn ich jetzt kein Grand-Slam-Turnier mehr gewinnen werde, dann kann ich am Ende meiner Karriere sagen, ich war ein ganz ordentlicher Tennisspieler. (Tennis-Revue, November 1992)

Nehmt mich so, wie ich bin. Ich geb' euch mein Bestes, und dann könnt ihr nicht von mir verlangen, daß ich danach noch das tue, was besser ankommt.

Es gibt Menschen, die für mich das Wort erheben und erzählen, wie ich lebe, fühle, esse und so weiter. Dann und wann habe ich einfach genug und will sagen, was ich wirklich denke und mache. Manchmal will ich eben nicht für die Auflagen von Zeitungen dasein, sondern für mich. (Tennis-Magazin, Januar 1993)

Es ist ein tierisch geiles Gefühl zu wissen, der beste Tennisspieler der Welt zu sein. Ich muß einfach Tennis spielen, im Moment kann ich nicht anders. (Der Spiegel, Februar 1993)

Im Tennis schafft es fast niemand, mit seiner Freundin richtig zu leben, wenn die Frau selbständig ist. Ich würde Barbara und mich als Ausnahme sehen, wir kriegen es meistens hin. (Stern, Mai 1993)

Ich habe etwas Skorpionhaftes, Zerstörerisches in mir. Aber ich habe einen Aszendenten, der den Skorpion immer besiegt. Ich bewege mich oft am Abgrund, aber nur, um runterzugucken, nicht um runterzuspringen. (Frankfurter Allgemeine Zeitung, Dezember 1993)

Alle Siege auf einen Blick

39 Einzelturniersiege stehen bisher auf dem Konto von Boris Becker (Stand: Januar 1994)

1985

London (Queens)	Johan Kriek (USA)	6:2, 6:2
Wimbledon	Kevin Curren (USA)	6:3, 6:7, 7:6, 6:4
Cincinnati	Mats Wilander (Schweden)	6:4, 6:2

1986

Chicago	Ivan Lendl (CSSR)	7:6, 6:3
Wimbledon	Ivan Lendl (CSSR)	6:4, 6:3, 7:5
Toronto	Stefan Edberg (Schweden)	6:4, 3:6, 6:3
Sydney	Ivan Lendl (CSSR)	3:6, 7:6, 6:2, 6:0
Tokio	Stefan Edberg (Schweden)	7:6, 6:1
Paris (Halle)	Sergio Casal (Spanien)	6:4, 6:3, 7:6

1987

Indian Wells	Stefan Edberg (Schweden)	6:4, 6:4, 7:5
Mailand	Miloslav Mecir (CSSR)	6:4, 6:3
London (Queens)	Jimmy Connors (USA)	6:7, 6:3, 6:4

1988

Indian Wells	Emilio Sanchez (Spanien)	7:5, 6:4, 2:6, 6:4
Dallas (WCC)	Stefan Edberg (Schweden)	6:4, 1:6, 7:5, 6:3
London (Queens)	Stefan Edberg (Schweden)	6:1, 3:6, 6:3

Indianapolis	John McEnroe (USA)	6:4, 6:2
Tokio	John Fitzgerald (Australien)	7:6, 6:4
Stockholm	Peter Lundgren (Schweden)	6:4, 6:1, 6:1
New York (Masters)	Ivan Lendl (CSSR)	5:7, 7:6, 3:6, 6:2, 7:6
1989		
Mailand	Alexander Wolkow (UdSSR)	6:1, 6:2
Philadelphia	Tim Mayotte (USA)	7:6, 6:1, 6:3
Wimbledon	Stefan Edberg (Schweden)	6:0, 7:6, 6:4
Flushing Meadow	Ivan Lendl (CSSR)	7:6, 1:6, 6:3, 7:6
Paris (Halle)	Stefan Edberg (Schweden)	6:4, 6:3, 6:3
1990		
Brüssel	Carl-Uwe Steeb (Stuttgart)	7:5, 6:2, 6:2
Stuttgart	Ivan Lendl (CSFR)	6:2, 6:2
Indianapolis	Peter Lundgren (Schweden)	6:3, 6:4
Sydney	Stefan Edberg (Schweden)	7:6, 6:4, 6:4
Stockholm	Stefan Edberg (Schweden)	6:4, 6:0, 6:3
1991		
Melbourne	Ivan Lendl (CSFR)	1:6, 6:4, 6:4, 6:4
Stockholm	Stefan Edberg (Schweden)	3:6, 6:4, 1:6, 6:2, 6:2
1992		
Brüssel	Jim Courier (USA)	6:7, 2:6, 7:6, 7:6, 7:5
Rotterdam	Alexander Wolkow (GUS)	7:6, 4:6, 6:2
Basel	Petr Korda (CSFR)	3:6, 6:3, 6:2, 6:4
Paris (Halle	Guy Forget (Frankreich)	7:6, 6:3, 3:6, 6:3
Frankfurt	Jim Courier (USA)	6:4, 6:3, 7:5
1993		
Doha/Katar	Goran Ivanisevic (Kroatien)	7:6, 4:6, 7:5
Mailand	Sergi Bruguera (Spanien)	6:3, 6:3
1994		
Mailand	Petr Korda (CSFR)	6:2, 3:6, 6:3

Boris Beckers Weg zu seinen Grand-Slam-Erfolgen

Wimbledon 1985

1. Rd.	H. Pfister (USA)	4:6, 6:3, 6:2, 6:4
2. Rd.	M. Anger (USA)	6:0, 6:1, 6:3
3. Rd.	J. Nyström (Schweden)	3:6, 7:6, 6:1, 4:6, 9:7
4. Rd.	T. Mayotte (USA)	6:3, 4:6, 6:7, 7:6, 6:2
VF	H. Leconte (Frankreich)	7:6, 3:6, 6:3, 6:3
HF	A. Jarryd (Schweden)	2:6, 7:6, 6:3, 6:3
F	K. Curren (USA)	6:3, 6:7, 7:6, 6:4

Wimbledon 1986

1. Rd.	E. Bengoechea (Argentin.)	6:4, 6:2, 6:1
2. Rd.	T. Gullikson (USA)	6:4, 6:3, 6:2
3. Rd.	P. McNamee (Australien)	6:4, 6:4, 4:6, 6:4
4. Rd.	M. Pernfors (Schweden)	6:3, 7:6, 6:3
VF	M. Mecir (CSSR)	6:4, 6:2, 7:6
HF	H. Leconte (Frankreich)	6:2, 6:4, 6:7, 6:3
F	I. Lendl (CSSR)	6:4, 6:3, 7:5

Wimbledon 1989

1. Rd.	B. Shelton (USA)	6:1, 6:4, 7:6
2. Rd.	R. Matuszewski (USA)	6:3, 7:5, 6:4
3. Rd.	J. Gunnarsson (Schweden)	7:5, 7:6, 6:3
4. Rd.	A. Krickstein (USA)	6:4, 6:4, 7:5
VF	P. Chamberlin (USA)	6:1, 6:2, 6:0
HF	I. Lendl (CSSR)	7:5, 6:7, 2:6, 6:4, 6:3
F	S. Edberg (Schweden)	6:0, 7:6, 6:4

US Open 1989

1. Rd.	D. Pate (USA)	6:1, 6:3, 6:1
2. Rd.	D. Rostagno (USA)	1:6, 6:7, 6:3, 7:6, 6:3
3. Rd.	M. Mecir (CSSR)	6:4, 3:6, 6:4, 6:3
4. Rd.	M. Pernfors (Schweden)	5:7, 6:3, 6:2, 6:1
VF	Y. Noah (Frankreich)	6:3, 6:3, 6:2
HF	A. Krickstein (USA)	6:4, 6:3, 6:4
F	I. Lendl (CSSR)	7:6, 1:6, 6:3, 7:6

Australian Open 1991

1. Rd.	J. Bates (Großbrit.)	6:4, 6:2, 6:3
2. Rd.	M. Vajda (CSFR)	6:4, 6:1, 6:3
3. Rd.	O. Camporese (Italien)	7:6, 7:6, 0:6, 4:6, 14:12
4. Rd.	W. Ferreira (Südafrika)	6:4, 7:6, 6:4
VF	G. Forget (Frankreich)	6:2, 7:6, 6:3
HF	P. McEnroe (USA)	6:7, 6:4, 6:1, 6:4
F	I. Lendl (CSFR)	1:6, 6:4, 6:4, 6:4

Lektorat: Robert Fischer

Produktion & Layout:
VerlagsService Dr. Helmut Neuberger
& Karl Schaumann GmbH

Alle Abbildungen von SVEN SIMON,
außer S. 28/29, 48/49, 59, 61, 62/63,
65, 66, 67, 68/69, 86/87 (Thomas
Exler) und S. 92 (3 Abb.), 94 (dpa)
Bildredaktion: Günter R. Müller

Umschlaggestaltung: Uwe Richter

Die Deutsche Bibliothek –
CIP-Einheitsaufnahme
Boris Becker
/ Doris Henkel. Fotos von Sven
Simon. – München :
Copress-Verl. 1994
(Superstars des Sports)
ISBN 3-7679-0433-0
NE Henkel, Doris

Gesamtherstellung:
Bruckmann, München
Druck: Gerber + Bruckmann, München
Printed in Germany
ISBN 3-7679-0433-0